Schriften
des
Vereins für Sozialpolitik.

**Deutsche
Zahlungsbilanz und Stabilisierungsfrage.**

Im Auftrage des Vereins
veranstaltet von
Karl Diehl und Felix Somary.

**165. Band.
Geschichte der Stabilisierungsversuche.**

Herausgegeben von Melchior Palyi.

Vierter Teil.
**Währungsreform in der Tschechoslowakei und in
Sowjet-Rußland.**

Verlag von Duncker & Humblot.
München und Leipzig 1924.

Währungsreform in der Tschechoslowakei und in Sowjet-Rußland.

Mit Beiträgen
von

Alfred Amonn   und   **M. v. Bernatzky**
(Prag)   (Moskau).

Verlag von Duncker & Humblot.
München und Leipzig 1924.

Alle Rechte vorbehalten.

Altenburg, Thür.
Pierersche Hofbuchdruckerei
Stephan Geibel & Co.

Inhalt.

	Seite
Die tschechoslowakische Währung und Währungspolitik	1—21
Der Zusammenbruch der russischen Währung und die Aussichten auf ihre Wiederherstellung	23—74

Die tschechoslowakische Währung und Währungspolitik.

Von

Prof. A. Amonn (Prag).

Die tschechoslowakische Währung trat zu Ende Februar 1919 ins Leben. Sie wurde dadurch geschaffen, daß die zu dieser Zeit auf dem Gebiete der tschechoslowakischen Republik umlaufenden Noten der österreichisch-ungarischen Bank durch Aufklebung eines Stempels gekennzeichnet und zu alleinigen Zahlungsmitteln mit gesetzlicher Zahlkraft auf diesem Gebiete erklärt wurden. Später wurden dann diese Noten durch eigene Noten des tschechoslowakischen Staates („Staatsnoten") ersetzt.

Bis Ende Februar 1919 bestand in der tschechoslowakischen Republik die alte österreichisch-ungarische Kronenwährung in der Gestalt, welche sie im Kriege angenommen hatte, weiter. Sie war formell eine Banknotenwährung, materiell aber — dadurch, daß sich die österreichisch-ungarische Bank vollständig in den Dienst des Staates gestellt hatte und ihre Emissionstätigkeit einfach nach dem Staatsbedarf richtete — zu einer Staatsnotenwährung geworden. Man kann sie im Hinblick darauf als eine „falsche Banknotenwährung" bezeichnen. Sie bestand bis dahin auch in den anderen neuen auf dem Boden der österreichisch-ungarischen Monarchie entstandenen Staaten weiter. Die Zahlungsmittelversorgung oblag bis dahin für diese Gebiete der österreichisch-ungarischen Bank. Das hätte wohl für eine strenge Banknotenwährung ein dauernd möglicher Zustand sein können, eine mehreren voneinander unabhängigen Staaten gemeinsame Staatsnotenwährung war aber eine ihrem Wesen nach unhaltbare Einrichtung. Dies kam alsbald in dem Streit der Regierungen der neuen Staaten bezüglich der Inanspruchnahme der Bank durch die verschiedenen Regierungen zum Ausdruck. Die Unmöglichkeit der Schlichtung dieses Streites führte zur Auflösung der Währungsgemeinschaft, die durch die Loslösung der Tschechoslowakei von der Gemeinschaftlichkeit der Zahlungsmittelversorgung eingeleitet wurde.

Der Notenumlauf der österreichisch-ungarischen Bank betrug zu jener Zeit 37 569 Millionen Kronen, die bei ihr geführten Girokonten beliefen sich auf 7217 Millionen Kronen. Die gesamte dem Gebiete der früheren Monarchie zur Verfügung stehende Menge an österreichisch-ungarischen Zahlungsmitteln war mithin 44 786 Millionen Kronen.

Vor dem Kriege betrug die Zahlungsmittelmenge auf demselben Gebiet an Noten und Giroguthaben bei der österreichisch-ungarischen Bank 2130 und 291, das sind 2421 Millionen Kronen nebst einer unbedeutenden Menge Hartgeld, das während des Krieges mit Ausnahme der ganz kleinen Scheidemünzen (bis zwanzig Heller) aus dem Umlauf verschwunden ist. Die Zahlungsmittelmenge hatte sich also ungefähr versiebzehnfacht. Von dieser österreichisch-ungarischen Zahlungsmittelmenge entfielen auf das Gebiet der tschechoslowakischen Republik, wie bei der Währungstrennung festgestellt wurde, an Noten 8012 Millionen und an Giroguthaben 1617 Millionen Kronen, mithin eine Gesamtzahlungsmittelmenge von 9630 Millionen Kronen. Diese Menge wurde bei der Währungstrennung restringiert um Noten 2447 Millionen und Giroguthaben 413 Millionen, zusammen 2860 Millionen Kronen. Demnach betrug die gesamte aus der alten Währung übernommene Zahlungsmittelmenge der tschechoslowakischen Republik zunächst 6770 Millionen Kronen.

Dazu kamen aber nachträglich noch einige weitere Beträge. Die bei der Währungstrennung vollzogene Restriktion war nur eine vorläufige Maßregel. Die zurückgehaltenen Beträge wurden als Guthaben der durch die Zurückhaltung betroffenen Parteien geführt, aus welchen Zahlungen auf eine gleichzeitig eingeführte Vermögensabgabe geleistet werden konnten. Die nach vollständiger Zahlung der Vermögensabgabe seitens der berechtigten Parteien verbleibenden Reste wurden dann wieder freigegeben und vermehrten somit die Zahlungsmittelmenge in der Form von Noten oder disponiblen Giroguthaben. Eine solche Freigebung bzw. Rückerstattung von zurückbehaltenen Noten erfolgte schon bald in einem größeren Betrage von 618 Millionen Kronen an jene, die von der Restriktion betroffen worden waren, ohne daß ihnen eine Vermögensabgabepflicht in erheblichem Umfange auferlegt werden konnte. Dadurch erhöhte sich der aus dem alten Umlauf übernommene Betrag an disponiblen Zahlungsmitteln auf 7388 Millionen Kronen. Ferner wurden 75 Millionen an den Staat zum Begleich der aus der Einhebung der Vermögensabgabe erwachsenen Kosten refundiert, so daß sich die aus dem alten Umlauf übernommene Zahlungsmittelmenge dadurch auf 7463 Millionen Kronen erhöht. Dazu kommen dann noch die Restbeträge aus den gesperrten Giroguthaben von 467 Millionen Kronen, die ebenfalls nach Abstattung der Vermögensabgabe seitens der Betroffenen freigegeben wurden bzw. werden. Schließlich sind vom

Staate auch noch die auf seinem Gebiete befindlichen Kassenscheine der österreichisch-ungarischen Bank zur Einlösung bzw. zur Anrechnung auf die Vermögensabgabe übernommen worden. Deren Gesamtbetrag belief sich auf 468 Millionen Kronen. Davon wurde die Hälfte bei ihrer Fälligkeit eingelöst, so daß sich dadurch die noch aus der alten Währung stammende Zahlungsmittelmenge um weitere 234 Millionen Kronen vermehrte. Die andere Hälfte konnte zu Vermögensabgabezahlungen verwendet werden, und die Reste wurden ebenfalls freigegeben und eingelöst. Daraus ergibt sich im ganzen ein Betrag von rund 8 Milliarden Kronen an Zahlungsmitteln, die aus der alten Währung stammen und in den neuen Umlauf übergingen. Die durch die Währungstrennung unmittelbar bewirkte Restriktion betrug demnach nur rund 2 Milliarden Kronen.

Die Zahlungsmittelversorgung wurde nach der Währungstrennung einem eigens errichteten Amte, dem „Bankamt des Finanzministeriums der tschechoslowakischen Republik", übertragen und nach notenbankmäßigen Grundsätzen geregelt. Die neue Währung stellt sich hiernach formell als eine „Staatsnoten"währung, materiell aber als eine Banknotenwährung dar. Man kann sie im Hinblick darauf als eine „bankmäßig organisierte und verwaltete Staatsnotenwährung" bezeichnen.

Die Zahlungsmittelversorgung ist in folgender Weise geregelt bzw. begrenzt: Das Bankamt darf in Umlauf setzen bzw. erhalten eine Zahlungsmittelmenge, welche gleich ist der nach der mit der Währungstrennung erfolgten ursprünglichen Restriktion übriggebliebenen Beträge an Noten (5562 Millionen) und frei verfügbaren Kontokorrenteinlagen (1204 Millionen) und Kassenscheinen (234 Millionen), zusammen 7000 Millionen Kronen und außerdem einem zahlenmäßig nicht begrenzten Betrag von im Besitze des Bankamtes befindlichen „handelsmäßigen" Sicherheiten, worunter Wechsel, Wertpapiere, ausländische Guthaben und Gold und Silber verstanden werden. Es fehlt somit eine eigentliche absolute Begrenzung für die Zahlungsmittelbeschaffung, wie sie sonst bei Noteninstituten entweder direkt durch Aufstellung eines Maximalbetrages (Kontingentierung) oder indirekt durch Vorschrift einer bestimmten materiellen Deckung (Metalldeckung) gegeben ist. Diese Regelung bedeutet lediglich eine formelle Schranke, materiell ist das Bankamt in der Zahlungsmittelbeschaffung in keiner Weise beschränkt. Diese ist lediglich von der Ausdehnung der Kreditgewährung gegen die angegebenen Sicherheiten abhängig, und da solche Sicherheiten in Gestalt von Wertpapieren praktisch in unbegrenzter Menge geboten werden können, liegt die Ausdehnung der Kreditgewährung vollständig im Willen des Bankamtes. Dieses kann sie durch den Zinsfuß und sonstige Kreditpolitik beliebig beeinflussen, ohne hierbei — wie bei der Bestimmung eines bestimmten Maximalumlaufs oder der Vorschrift einer bestimmten Minimaldeckung — an eine bestimmte Richtung oder Grenze gebunden zu sein.

Die tatsächliche Zahlungsmittelversorgung der tschechoslowakischen Volkswirtschaft durch das Bankamt hat sich nun folgendermaßen gestaltet. In den ersten Jahren nach der Währungstrennung, bis gegen Ende des Jahres 1921, ist die gesamte für die Volkswirtschaft disponible Zahlungsmittelmenge, also der Notenumlauf und die Summe der frei verfügbaren Giroguthaben beim Bankamte ständig gestiegen. Sie erreichte am 31. Oktober 1921 eine Maximalhöhe mit einem Betrag von 12 327 Millionen Kronen Noten und 636 Millionen Kronen Guthaben, zusammen 12 963 Millionen Kronen. Von da ab ist sie zunächst langsam, dann stärker gesunken, hat vorübergehend eine gewisse Konstanz erreicht und ist gegenwärtig in weiterem Rückgang begriffen. Zu den wichtigsten Vergleichszeitpunkten betrug sie in Millionen Kronen:

		Noten	Disponible Guthaben	Gesamtmenge
Ende	Dezember 1920 . . .	11 288	824	12 112
"	Februar 1921 . . .	10 915	670	11 585
"	Oktober 1921 . . .	12 327	636	12 963
"	Dezember 1921 . . .	12 129	703	12 832
"	Februar 1922 . . .	10 744	332	11 076
"	Oktober 1922 . . .	10 139	1434	11 573
"	Dezember 1922 . . .	10 064	556	11 411
"	Februar 1923 . . .	8 948	981	9 929
"	Oktober 1923 . . .	9 279	1573	10 852
"	Dezember 1923 . . .	9 599	933	10 532
"	Februar 1924 . . .	8 506	549	9 055

Die der Volkswirtschaft zur Verfügung stehende Zahlungsmittelmenge ist demnach nach der Währungstrennung wieder nicht unerheblich vermehrt worden. Sie überstieg den bei der Währungstrennung vorgefundenen Betrag an Noten, Guthaben und Kassenscheinen (10 097 Millionen)

Ende Februar 1921 um 1488 Millionen Kronen,
" " 1922 " 979 " "

Die tschechoslowakische Währung und Währungspolitik. 7

und die mit der Währungstrennung restringierte Menge
Ende Februar 1921 um nahezu 3½ Milliarden Kronen,
„   „   1922 „   „   3   „   „

Ende Februar 1923 beträgt die der Volkswirtschaft zur Verfügung stehende Zahlungsmittelmenge allerdings etwas weniger als die bei der Währungstrennung vorgefundene, aber doch um nahezu 2 Milliarden mehr als die restringierte Menge. Ende Februar 1924 betrug sie um 1 Milliarde weniger als die vorgefundene und um 1 Milliarde mehr als die restringierte. Daraus ergibt sich für die Entwicklung der neuen Währung zunächst das Bild einer vorübergehenden Inflation und schließlich einer Rückgängigmachung der bei der Währungstrennung vollzogenen Restriktion. Indessen kann eine solche Beurteilung nicht losgelöst von den wirtschaftlichen Zusammenhängen, in welchen sich diese Vermehrung der Zahlungsmittelmenge vollzogen hat, vorgenommen werden.

Die Vermehrung der Zahlungsmittelmenge über den aus der alten Währung übernommenen Betrag von rund 8 Milliarden hinaus ist einerseits im Zusammenhange mit der Kreditgeschäftstätigkeit des Bankamtes, andererseits im Zusammenhange mit Devisen-, Valuten- und Edelmetallankäufen durch das Bankamt erfolgt. Die Kreditgewährungen erfolgten zum Teil durch Eskomptierung von Wechseln (und in einem unbedeutenden Betrage auch Eskomptierung von kurzfristig fälligen Wertpapieren), zum Teil gegen Hinterlegung von Wertpapieren (Lombard).

Die Kreditgeschäftstätigkeit des Bankamtes entwickelte sich folgendermaßen:

		Wechseleskompte	Wertpapiereskompte	Lombard	
Ende	Oktober 1919	28	—	423	Mill. Kr.
„	Dezember 1919	79	—	502	„ „
„	Februar 1920	246	—	938	„ „
„	Oktober 1920	1695	—	2266	„ „
„	Dezember 1920	2015	—	2323	„ „
„	Februar 1921	1672	—	2096	„ „
„	Oktober 1921	1607	144	2451	„ „
„	Dezember 1921	1893	618	1714	„ „
„	Februar 1922	1041	336	1479	„ „
„	Oktober 1922	288	103	1508	„ „
„	Dezember 1922	541	174	1497	„ „
„	Februar 1922	471	180	1265	„ „
„	Oktober 1922	608	50	880	„ „
„	Dezember 1923	667	378	952	„ „
„	Februar 1924	679	76	769	„ „

Die liquiden Aktiven des Bankamtes (Devisen, Valuten und Edelmetall) gestalteten sich:

	Ausl. Guthaben	Barschatz (Gold u. Silber)	Anleihe	Zusammen
Ende Dezember 1920	455	153	250	858
„ Februar 1921	333	175	250	758
„ Oktober 1921	600	374	250	1124
„ Dezember 1921	533	552	—	1085
„ Februar 1922	413	570	—	983
„ Oktober 1922	1693	812	—	2505
„ Dezember 1922	658	817	—	1475
„ Februar 1923	459	823	—	1282
„ Oktober 1923	2075	1078	—	3153
„ Dezember 1923	1236	1033	—	2269
„ Februar 1924	836	1040	—	1876

Die angeführten Posten hängen nicht alle in ihrer Gänze zusammen mit der Notenausgabetätigkeit. Es sind zwei Beträge, die in dieser Hinsicht in Berücksichtigung gezogen werden müssen. Es wurde ein Betrag von 430 Millionen Kronen Lombardguthaben bereits von der österreichisch-ungarischen Bank übernommen. Die angeführten Lombardguthaben müssen also um diese Summe gekürzt werden, um den daraus hervorgehenden Betrag der Zahlungsmittelvermehrung durch das Bankamt für die angegebenen Zeitpunkte zu erhalten. Desgleichen ist im Metallbestand ebenfalls ein Betrag von rund 110 Millionen Kronen enthalten, der von der österreichisch-ungarischen Bank übernommen worden war und dessen Erwerb nicht mit einer Neuausgabe von Noten verbunden war.

Währungspolitisch ist zu unterscheiden zwischen einer Vermehrung der Zahlungsmittelmenge, die mit einer Erhöhung der Geschäfts- und Umsatztätigkeit in der Volkswirtschaft Hand in Hand geht und nur vorübergehender Natur ist, das heißt mit der Abnahme der Geschäfts- und Umsatztätigkeit in der Volkswirtschaft von selbst wieder rückgängig wird, und einer Vermehrung der Zahlungsmittelmenge, die nicht mit einer solchen Veränderung im Geschäftsverkehr zusammenhängt und daher auch unabhängig von einem Rückgang dieses Geschäftsverkehrs fortbestehen kann. In unmittelbarem Zusammenhang mit dem Geschäftsverkehr der Volkswirtschaft und sich diesem automatisch anpassend befindet sich nur jener Zahlungsmittelbestand, der in der Eskomptierung von Geschäfts- (Waren-) Wechseln seinen Ursprung hat. Wenn wir annehmen, daß nur solche Wechsel eskomptiert worden sind

— was von der Wirklichkeit, wenigstens in den späteren Zeitpunkten, wie der automatische Rückgang im Krisenherbst 1922 beweist, sich nicht allzuweit entfernen dürfte —, so erhalten wir durch Abzug der Eskomptebeträge von der oben angegebenen Gesamtmenge für die Volkswirtschaft verfügbarer Zahlungsmittel die nicht — entsprechend der Veränderung im Geschäftsverkehr — elastische Zahlungsmittelmenge, die der Volkswirtschaft also jeweils unabhängig von der Intensität des Geschäftsverkehrs zur Verfügung gestanden ist. Es sind folgende Summen:

Ende Dezember 1920	. . . .	10 097	Millionen Kronen,
„ Februar 1921	. . . .	9 913	„ „
„ Oktober 1921	. . . .	11 356	„ „
„ Dezember 1921	. . . .	10 939	„ „
„ Februar 1922	. . . .	10 035	„ „
„ Oktober 1922	. . . .	11 285	„ „
„ Dezember 1922	. . . .	10 870	„ „
„ Februar 1923	. . . .	9 458	„ „
„ Oktober 1923	. . . .	10 244	„ „
„ Dezember 1923	. . . .	9 866	„ „
„ Februar 1924	. . . .	8 376	„ „

Das Anschwellen dieser Ziffern zu Zeitpunkten, in welchen regelmäßig in der Volkswirtschaft ein stärkerer Zahlungsmittelbedarf sich geltend zu machen pflegt (im Herbst und zu Jahresschluß), zeigt, daß auch in ihnen noch Beträge enthalten sind, welche tatsächlich mit Veränderungen im Geschäftsverkehr bzw. Zahlungsverkehr in Zusammenhang stehen dürften und somit von einer wirklichen Inflation nicht die Rede sein kann. Wohl aber zeigen sie gleichzeitig, daß die ursprüngliche Restriktion de facto rückgängig gemacht worden war. Dies steht im Zusammenhang mit der zu notenbankmäßigen Grundsätzen im allgemeinen in Widerspruch stehenden außerordentlichen Ausdehnung der Lombardkreditgewährungen seitens des Bankamtes. Der Betrag der Lombardkreditgewährungen überstieg andauernd und zeitweise um ein vielfaches den Wechselskompte. Er stellt zum Beispiel gerade im Krisenherbst 1922 mehr als das Fünffache der Eskomptekreditsumme dar. Das Zurücksinken dieser auf 288 Millionen Kronen zu einem der Termine, die regulär zu den angespanntesten des Jahres gehören, gegenüber einer Summe von 1607 Millionen Kronen zum selben Termin des vorausgegangenen Jahres zeigt, daß das außergewöhnliche Geschäft in der Volkswirtschaft nahezu aufgehört hat bzw. mit den ohne Eskompte vorhandenen Zahlungsmitteln abgewickelt werden konnte. Und wenn man gleichzeitig den Stand der disponiblen Giroeinlagen zu demselben Termin betrachtet (1434 Millionen Kronen), so findet man, daß diese, die wir im Gegensatz zu den umlaufenden Banknoten als „ruhende" Zahlungsmittel bezeichnen können, nahezu dem Betrage gleichkommen, der als Lombardkredit in diesem Zeitpunkte aushaftete.

Dieser Lombardkreditbetrag ist demnach offenbar nicht mehr als eine in den Veränderungen des Geschäftslebens und -verkehrs wurzelnde Zahlungsmittelschaffung und demgemäß elastische Zahlungsmittelmenge zu betrachten. Er muß seinen wirtschaftlichen Ursprung anderswo haben und seine wirtschaftliche Rechtfertigung, wenn überhaupt, anderswo finden. Es ist nun in dieser Beziehung interessant, zu verfolgen, daß diese Zahlungsmittelschaffung gerade in der ersten Zeit der Tätigkeit des Bankamtes erfolgte, während welcher das Eskomptegeschäft noch eine sehr unbedeutende Rolle spielte, und daß, je bedeutender die Rolle des Eskomptes für die Zahlungsmittelversorgung wurde, die Zahlungsmittelschaffung durch Lombardkreditgewährungen ständig abnahm und schließlich vollständig aufhörte. So betrug Ende Februar 1920 die Summe der aushaftenden Lombarddarlehen bereits nahe 1 Milliarde Kronen, während sich der Wechseleskompte zur selben Zeit noch nicht auf $1/4$ Milliarde Kronen belief. Die Lombardkreditsumme stieg dann bis in die Mitte dieses Jahres auf 2 Milliarden, der Eskompte auf $3/4$ Milliarden Kronen. Bis Ende dieses Jahres stieg dann die Lombardkreditsumme nur noch auf 2,3 Milliarden Kronen, während der Eskomte von $3/4$ auf 2 Milliarden gestiegen war.

Diese Lombardkreditgewährungen hängen offenbar mit dem außerordentlichen Geldbedarf, der in der gerade zu dieser Zeit einsetzenden Wiederaufbautätigkeit der Volkswirtschaft seinen Grund hatte, zusammen. Dieser Geldbedarf hätte aus den während des Krieges angesammelten Reserven seine Befriedigung finden können, wenn diese Reserven nicht durch die mit der Währungstrennung verbundene Restriktion der Wirtschaft entzogen worden wären. Dadurch mußte aber notwendig eine für die Wiederaufbautätigkeit hemmende und erschwerende Geldknappheit entstehen, und dieser konnte nicht anders begegnet werden als durch eine außergewöhnliche Ausdehnung in der Gewährung von Krediten, die der Natur des Bedarfes entsprechend in der ersten Zeit hauptsächlich nur Lombardkredite sein konnten. So wurden durch diese Ausdehnung der Lombardkreditgewährungen der Volkswirtschaft die Zahlungsmittel, die ihr durch die Restriktion genommen worden waren, nach Bedarf in anderer Form wieder zurückgegeben. Die Volkswirtschaft hatte sowohl zu Ende Februar 1921 als auch zu Ende Februar 1922 nach Abzug der durch Wechseleskompte geschaffenen Zahlungsmittel genau so viel Zahlungsmittel (rund 10 Milliarden Kronen) zur Verfügung, als der bei der Währungstrennung vorgefundenen Menge an Noten, Giroguthaben und Kassenscheinen (10 097 Millionen) entsprach. Die auf Grund von Ankäufen von Edelmetall und ausländischen Guthaben hinausgegangenen Noten beliefen sich zu diesen Zeitpunkten auf weniger als 1 Milliarde Kronen. Rückzahlungen von auf Grund der Restriktion zurückgehaltenen Beträgen hatten zu denselben Zeitpunkten noch gar nicht bzw. erst in ganz unbedeutenden Beträgen stattgefunden, so daß tatsächlich die Ausgleichung der durch die Restriktion entstandenen Differenz in der disponiblen Zahlungsmittelmenge zum größten Teile auf das Konto der Lombardkreditgewährungen zu setzen ist.

Einen wirklichen Rückgang der für die Volkswirtschaft disponiblen Zahlungsmittelmenge gegenüber dem bei der Währungstrennung vorgefundenen Stande der Notenmenge, Giroguthaben und Kassenscheinverpflichtungen zeigt sich erst im Februar 1923. Ende Februar dieses Jahres betrug die disponible Zahlungsmittelmenge tatsächlich um 639 Millionen Kronen weniger nach Abzug der auf Grund von Wechseleskomptierungen in den Verkehr gekommenen, als dem vorgefundenen Stande bei der Währungstrennung entsprochen hätte. Wenn man aber berücksichtigt, daß den bei der Währungstrennung vorgefundenen Zahlungsverpflichtungen zugleich ein Betrag von 430 Millionen Kronen Zahlungsmittelguthaben für übernommenen Lombard gegenüberstanden, so reduziert sich der tatsächliche Rückgang auf einen unbedeutenden Betrag von rund 200 Millionen Kronen. Und auch dieser Rückgang ist nicht die Folge einer absichtlichen Restriktion, sondern von devisenpolitischen Maßnahmen, die die Zahlungsmittelmenge ebenfalls in entscheidender Weise beeinflußt haben. Dieser Einfluß ist aus einem Vergleiche der jeweils der Volkswirtschaft zur Verfügung stehenden und nicht auf Grund von Wechseleskompte geschaffenen Zahlungsmittelmengen und den durch Ankauf von realen Deckungswerten in den Verkehr gekommenen Zahlungsmittelmengen zu ersehen.

	Disponible Zahlungsmittelmenge abzüglich des Wechselskomptes	Auf Grund von Edelmetall- und Devisen- und Valutenankäufen in den Verkehr gekommene Zahlungsmittelmenge
Ende Dezember 1920	10 097	859
„ Februar 1921	9 913	758
„ Oktober 1921	11 356	1178
„ Dezember 1921	10 939	1038
„ Februar 1922	10 035	983
„ Oktober 1922	11 285	2395
„ Dezember 1922	10 870	1365
„ Februar 1923	9 458	1172
„ Oktober 1923	10 244	3043
„ Dezember 1923	9 866	2159
„ Februar 1924	8 376	1766

Die nicht elastische Zahlungsmittelmenge würde also betragen unabhängig von solchen Anschaffungen realer Deckungswerte:

Ende Dezember 1920	9 238	anstatt	10 097
„ Februar 1921	9 155	„	9 913
„ Oktober 1921	10 178	„	11 356
„ Dezember 1921	9 901	„	10 939
„ Februar 1922	9 052	„	10 035
„ Oktober 1922	8 890	„	11 285
„ Dezember 1922	9 505	„	10 870
„ Februar 1923 . . .	8 286	„	9 458
„ Oktober 1923 . .	7 201	„	10 244
„ Dezember 1923	7 707	„	9 866
„ Februar 1924	6 610	„	8 376

Daraus ist zu ersehen, daß sowohl das starke Ansteigen der disponiblen Zahlungsmittelmenge im Oktober des Jahres 1922 wie die ungewöhnliche Verringerung im Februar 1923 wesentlich im Devisengeschäft bzw. der Devisenpolitik des Bankamtes seinen Grund hat. Die Differenz der der Volkswirtschaft unabhängig vom Wechselskompte zur Verfügung stehenden Zahlungsmittelmenge zwischen diesen beiden Terminen betrug 1800 Millionen Kronen, während sie unabhängig vom Devisengeschäft nur 600 Millionen Kronen betragen haben würde. Und ebenso hat das neuerliche Ansteigen der nicht elastischen Zahlungsmittelmenge von Februar auf Oktober dieses Jahres seinen Grund wesentlich in der Anschaffung von Edelmetall und Devisen durch das Bankamt. Während diese Zahlungsmittelmenge ohne solche Anschaffung gesunken sein müßte, ist sie tatsächlich stark gestiegen und hat wieder einen höheren Betrag erreicht, als der bei der Währungstrennung vor-

gefundenen Menge an Noten, Giroguthaben und Kassenscheinverpflich=
tungen entsprechen würde.

Diese Entwicklung des letzten Jahres ist charakterisiert zunächst
durch eine offenkundig vom Bankamte absichtlich herbeigeführte Restrik=
tion der Lombardschulden, aber nicht durch eine wirkliche Restriktion
der Zahlungsmittelmenge. Die Lombardschulden sind seit Oktober
vorigen Jahres ständig gesunken, und zwar bis Oktober dieses Jahres
von 1508 Millionen auf 880 Millionen Kronen. Sie betrugen Ende Fe=
bruar 1923 noch 1265 Millionen Kronen, haben also seit diesem Zeit=
punkt bis Oktober allein um 385 Millionen Kronen abgenommen. Die
unelastische Zahlungsmittelmenge ist aber trotzdem in diesem Zeitraum
um 786 Millionen Kronen gestiegen.

Seit Oktober letzten Jahres ist nun die Entwicklung auch charakte=
risiert durch einen tatsächlichen Rückgang der unelastischen Zah=
lungsmittelmenge. Aber dieser Rückgang ist nicht herbeigeführt
durch darauf abzielende währungspolitische Maßnahmen, sondern
wesentlich durch Abgabe von früher angesammelten Devisen zur Be=
friedigung der bei dem bestehenden Kurs bestehenden Nachfrage nach
solchen. Die unelastische Zahlungsmittelmenge ist von Oktober vorigen
Jahres bis Ende Dezember von 10244 auf 9898, das ist um 346 Mil=
lionen Kronen und bis Ende Februar des gegenwärtigen Jahres auf
8403, das ist wiederum um 1495 Millionen Kronen oder im ganzen
um 1841 Millionen Kronen gesunken. In den gleichen Zeiträumen
sind die Lombardguthaben des Bankamtes zunächst, von Oktober
bis Ende Dezember auf 952 Millionen Kronen, das ist, um 72 Mil=
lionen gestiegen, dann bis Ende Februar des gegenwärtigen Jahres
auf 769 Millionen Kronen, das ist gegen Dezember vorigen Jahres um
183 und gegen Oktober um 111 Millionen Kronen gesunken. Gleich=
zeitig ist aber der Edelmetall= und Devisenvorrat von 3153 zu
Ende Oktober auf 2269 zu Ende Dezember und auf 1876 zu Ende Fe=
bruar des gegenwärtigen Jahres, das ist um 884 und um 393 bzw. im
ganzen um 1277 Millionen Kronen gesunken. Darauf ist also,
wie man sieht, zum größten Teil der gleichzeitige Rückgang der Zah=
lungsmittelmenge zurückzuführen.

Aus allem dem geht hervor, daß bisher eine tatsächliche und be=
absichtigte oder gewollte, währungspolitisch bedeutsame Restriktion der
Zahlungsmittelmenge in der Tschechoslowakei überhaupt nicht erfolgt
ist und die tatsächliche Währungspolitik der Tschechoslowakei von ganz

anderen als restriktionistischen Gesichtspunkten beherrscht war¹. Was die Zahlungsmittelmenge anbelangt, war sie bisher viel eher auf Stabilität gerichtet als auf Restriktion. Ihr waren selbstverständlich aber auch andere Aufgaben als die der Regulierung der Zahlungsmittelmenge gegeben. Diese sind vor allem Herstellung eines stabilen Wechselkurses zu den Goldwährungsländern und Fundierung der Papierzahlungsmittel durch reale Deckungswerte. Das Zweite steht mit dem Ersten in einem notwendigen Zusammenhang.

Der Auslandskurs der tschechoslowakischen Krone in den Goldwährungsländern war in den ersten Jahren außerordentlich starken Schwankungen unterworfen, und diesen Schwankungen konnte das Bankamt mangels eines entsprechenden Bestandes an Edelmetallen und Auslandsguthaben nicht begegnen. Sein Bestreben mußte es daher vor allem sein, sich einen solchen Bestand an Edelmetallen und Auslandsguthaben anzuschaffen. Dies war aber im wesentlichen nicht anders möglich als durch Ankauf gegen Noten. Und das war notwendig mit einer Vermehrung der Zahlungsmittelmenge verbunden. Durch die Rücksicht auf Hintanhaltung einer inflationistischen Vermehrung der Zahlungsmittelmenge war das Bankamt deshalb in seinem Bestreben auf Anschaffung von realen Deckungswerten außerordentlich beschränkt. Es war dabei insbesondere insolange zur größten Vorsicht genötigt, als die Tendenz des Kronenkurses zur Schwäche neigte und die auf

---

¹) In der öffentlichen Diskussion wird die Währungspolitik der Tschechoslowakei gewöhnlich als „deflationistisch" bezeichnet. Dies ist jedoch ein Ausdruck, der in seinem Ursprung bilettantisch und in seiner Bedeutung völlig unklar ist. Das Wort „Deflation" ist eine höchst unglückliche Neubildung, die etymologisch gar keine Grundlage hat, und für die es auch sachlich gar keinen Grund gibt. Man wollte damit offenbar den Gegensatz von „Inflation" bezeichnen. Dieser Gegensatz ist aber in der Wissenschaft bisher immer mit dem allein richtigen und zutreffenden Worte „Restriktion" bezeichnet worden. „Inflation" kommt von „inflare" = „aufblähen", „Restriktion" von „restringere" = „einschränken"; ein Wort „deflare" gibt es aber nicht; es ließe sich auch gar kein Sinn damit verbinden. An Stelle von „Restriktion" könnte nur noch „Kontraktion" in Betracht kommen. Der Ausdruck „Deflation" wird deshalb auch in der allerverschiedensten Weise definiert. Man bezeichnet damit nicht nur den Gegensatz zu Inflation, sondern auch den Gegensatz bald zu einzelnen Ursachen der Inflation (Steigerung der Staatsausgaben ohne Deckung), bald zu einzelnen Folgen der Inflation (Preissteigerung). Daß ein solcher vieldeutiger und unklarer Ausdruck in der Wissenschaft nicht verwendet werden sollte, sollte nachgerade jedermann klar sein. Insbesondere zur Charakterisierung einer bestimmten Währungspolitik ist er ganz ungeeignet.

Die tschechoslowakische Währung und Währungspolitik. 15

Grund der Handelsbilanz sich allmählich bildenden Auslandsguthaben der Privatwirtschaften nicht realisiert oder von diesen dem Bankamte zur Verfügung gestellt wurden. Hierauf wirkte allerdings zum Teil die bestehende Devisenabgabeverpflichtung hin. Die Entwicklung des Angebotes an ausländischen Zahlungsmitteln weist jedoch deutlich darauf hin, daß in den ersten Jahren ein nicht unerheblicher Bestand davon in den Privatwirtschaften zurückgehalten worden sein mußte. Dies trug offenbar zu der zu dieser Zeit zu beobachtenden starken Unterwertung der tschechischen Krone im Ausland gegenüber ihrer inländischen Kaufkraft bzw. Überbewertung der ausländischen Zahlungsmittel im Inlande bei.

Die Kursschwankungen der tschechoslowakischen Krone in Dollarcents:

Höchster Kurs		Niedrigster Kurs	
1921:			
8. November	110,—	2. November	94,—
31. Dezember	144,—	2. Dezember	107,—
1922:			
31. Januar	195,—	3. Januar	147,—
1. Februar	196,—	23. Februar	170,—
31. März	189,—	9. März	162,—
11. April	204,—	5. April	184,—
1. Mai	195,50	22. Mai	189,—
5. Juni	194,50	26. Juni	190,50
31. Juli	243,—	1. Juli	191,20
26. August	376,50	4. August	243,50
6. September	353,50	20. September	296,—
9. Oktober	360,—	27. Oktober	303,50
6. November	325,—	20. November	314,50
4. Dezember	319,—	16. Dezember	291,—
1923:			
2. Januar	307,—	17. Januar	276,—
3. Februar	300,—	1. Februar	287,—
12. März	297,75	6. März	296,25
7. April	298,50	4. April	296,75
21. Mai	299,—	4. Mai	297,—
1. Juni	300,75	8. Juni	298,—
7. Juli	302,75	31. Juli	295,25
31. August	295,25	11. August	291,75
24. September	301,75	1. September	296,—
9. Oktober	300,50	29. Oktober	292,50
1. November	293,—	14. November	288,50
Dezember	293,50		291,25

	Höchster Kurs	1924:	Niedrigster Kurs
Januar	291,25		287,75
Februar	291,—		289,75

Die tschechoslowakische Krone wurde in New York zum erstenmal am 17. September 1921 notiert, und zwar mit 120 Cents. Sie erreichte Anfang November 1921 ihren tiefsten Stand mit 94 Cents. Der Stand der Auslandsguthaben beim Bankamt betrug zu jener Zeit gegen 600 Millionen Kronen. Der Tiefstand des Kronenkurses stand damals offenbar im Zusammenhang mit drohenden politischen Verwicklungen (Restaurationsversuch der Habsburger in Ungarn). Als die Gefahr einer kriegerischen Lösung geschwunden war, begann der Kurs zu steigen. Dieses Steigen scheint seinen unmittelbaren Anlaß wohl in einer im damaligen Zeitpunkte einsetzenden Interventionstätigkeit des Bankamtes zu haben, war aber an sich durchaus in der wirtschaftlichen, finanziellen und währungspolitischen Lage der Tschechoslowakei begründet. Die wirtschaftliche Lage stand im Zeichen der Nachkriegskonjunktur. Produktion und Ausfuhr hatten sich im Laufe der Jahre 1920 und 1921 stark gehoben. Die Handelsbilanz war in diesen Jahren offenkundig aktiv. Die Zahlungsbilanz war, abgesehen von der aktiven Handelsbilanz, auch durch einen erheblichen Pfundkredit gestützt. Die Zahlungsmittelmenge, die im Oktober ihr Maximum erreicht hatte, nahm von da an andauernd ab. Das Preisniveau schien erheblich über dem Kursniveau stabilisiert. Der Staatshaushalt war annähernd ausgeglichen. Die friedliche Lösung der internationalen Schwierigkeiten ließ eine Konsolidierung der politischen Verhältnisse erwarten. So war nur eine verhältnismäßig geringfügige Interventionstätigkeit des Bankamtes erforderlich, um eine Bewegung auszulösen, die in der Natur der wirtschaftlichen, finanziellen und politischen Lage begründet war. Diese Interventionstätigkeit zeigt sich in einer vorübergehenden Abnahme des Devisenvorrates des Bankamtes von 600 auf 444 Millionen Kronen. Diese Interventionstätigkeit hat nicht nur dem Kronenkurs eine steigende Bewegung gegeben, sondern offenbar auch private Auslandsguthaben auf den Markt gebracht, und das Bankamt sah sich schon nach einer zweiwöchigen Interventionstätigkeit in die Lage versetzt, seinen Devisenvorrat bei sinkenden Kursen nicht nur wieder auf die alte Höhe zu bringen, sondern noch erheblich darüber hinaus zu steigern. Er erreichte Ende Januar 1922 einen Betrag von 888 Millionen Kronen, während der Kronenkurs auf das Niveau von 195 gestiegen war, also sich gegenüber seinem Tiefstande verdoppelt hatte. Diese starke, im wesentlichen ohne sein Zutun erfolgte Steigerung des Kronenkurses brachte für das Bankamt nun allerdings die Schwierigkeit mit sich, das so erreichte Niveau zu erhalten. Dies konnte nur durch eine so lange Zeit andauernde Interventionstätigkeit erreicht werden, als zur Anpassung der wirtschaftlichen Verhältnisse an das gehobene Niveau des Kronenkurses erfordert war. So sehen wir auch den angesammelten Devisenvorrat im Laufe des ersten Halbjahres 1922 wieder schwinden und zeitweise sogar unter den Minimalstand vom November des vergangenen Jahres herabsinken, während gleichzeitig auch die Kursbewegung wieder rückgängig war. Da die wirtschaftliche Lage jedoch noch weiter günstig und die Handelsbilanz aktiv blieb, war die Devisenpolitik des Bankamtes erfolgreich. Es konnte ein Kursniveau von 162 (niedrigster) bis 204 (höchster), also durchschnittlich 183 erhalten werden. Das dritte Viertel des Jahres 1922 brachte dann eine weitere Steigerung des Kronenkurses von 191 auf 376. Diese Steigerung dürfte ihren unmittelbaren Anlaß in der internationalen Valutenspekulation gehabt haben, die bis dahin wesentlich die deutsche Mark favorisiert hatte, nun aber ihre Hoffnungen auf eine Sanierung der Markwährung in absehbarer Zeit sich aufzugeben genötigt sah und dafür einen Ersatz in einer andern aussichtsreichen Währung suchte, als welche sich gerade zufolge der unmittelbar vorausgegangenen Entwicklung hauptsächlich die tschechoslowakische Kronenwährung erbot. Diese Steigerungstendenz erhielt aber ihre Stütze ebenso wie die frühere hauptsächlich wieder in einem während des vorausgegangenen Halbjahres mit aktiver Handelsbilanz und sinkender Tendenz in Privathänden angesammelten Devisenvorrat, der nunmehr unter der imminenten Gefahr einer Entwertung auf den Markt gebracht wurde. Dies gab dem Bankamt neuerdings Gelegenheit, seinen Devisenvorrat zu sinkenden Kursen erheblich zu vermehren. Er stieg im Laufe dieser Entwicklung bis auf einen Betrag von 1700 Millionen Kronen.

Diese Entwicklung bedeutete aber eine Steigerung des Kurses der Krone um rund 100% über das stabilisierte inländische Preisniveau hinaus und mußte deshalb notwendig einen Rückschlag im Gefolge haben. Dies brachte das Bankamt in seiner Devisenpolitik in die allergrößte Schwierigkeit. Mit einer raschen Anpassung der wirtschaftlichen Verhältnisse an den so gestiegenen Auslandskurs der Krone konnte von vornherein nicht gerechnet werden. Das Bankamt mußte seinen Devisenbestand wieder in großem Maßstab für Interventionsabgaben einsetzen. Dieser sank bis gegen Jahresende wieder auf 635 Millionen Kronen herunter. Indessen gelang es ihm schließlich doch, die rückläufige Bewegung aufzuhalten und den Kurs der Krone, nachdem er vorübergehend bis auf 276 gesunken war, auf einer Höhe um 300 Cents zu stabilisieren. Im Laufe des folgenden Jahres gelang es ihm auch, den Devisenbestand wieder zu ergänzen und ihn schließlich sogar auf eine Höhe von 2638 Millionen Kronen zu bringen.

Nun begann aber ein anderer Umstand wieder in entgegengesetzter Richtung zu wirken. Die Steigerung des Kronenkurses über die dem inländischen Preisniveau entsprechende Höhe hinaus hatte eine Erschwerung der Ausfuhr und eine Einschränkung der Produktion zur Folge, die erst jetzt ihre Wirkung auf die Handels- und Zahlungsbilanz auszuüben anfing. Bis dahin hatte ein Ausverkauf der Lager stattgefunden, der diese Wirkung noch nicht in Erscheinung treten ließ. Nunmehr nahm aber das Aktivum andauernd ab und verwandelte sich schließlich in ein Passivum. Dem Angebot an Devisen folgte nun wieder eine verstärkte Nachfrage nach Devisen. Und diese konnte zu den bestehenden Kursen wieder nur durch Abgaben aus dem Vorrat des Bankamtes befriedigt werden. So verminderte sich dieser wieder auf 1236 Millionen Kronen zu Ende Dezember 1923 und auf 836 Millionen zu Ende Februar 1924. In der Zwischenzeit ist es aber gelungen, das Preis- und Produktionskostenniveau dem Kursniveau anzupassen, so daß diese rückläufige Bewegung in dem Außenhandelsverkehr und damit im Devisenbestande des Bankamtes bald zum Stillstand kommen dürfte.

Aus dieser Politik folgt im wesentlichen dieses Ergebnis: Die nicht elastische Zahlungsmittelmenge ist in den ersten Jahren nach einer vorübergehenden Vermehrung verhältnismäßig konstant geblieben, im letzten nicht unerheblich gesunken. Ihre reale Fundierung (Deckung) hat sich gleichzeitig erheblich gebessert. Es waren durch Devisen, Valuten und Edelmetall gedeckt:

	von der gesamten disponiblen Zahlungsmittelmenge	von der unelastischen Zahlungsmittelmenge
Ende Dezember 1920	7 %	8½ %
„ Februar 1921	7 %	7½ %
„ Oktober 1921	8,6 %	10 %
„ Dezember 1921	8,4 %	10 %

Die tschechoslowakische Währung und Währungspolitik.

	von der gesamten disponiblen Zahlungsmittelmenge	von der unelastischen Zahlungsmittelmenge
Ende Februar 1922	8,8 %	10 %
„ Oktober 1922	21½%	22 %
„ Dezember 1922	13 %	13⅓ %
„ Februar 1923	13 %	13½ %
„ Oktober 1923	29 %	30½ %
„ Dezember 1923	21½%	23 %
„ Februar 1924	20,7 %	22½ %

Das endgültige Ziel der tschechoslowakischen Währungspolitik ist nicht festgelegt. Es kann sein entweder Fundierung und Stabilisierung auf dem erreichten Niveau oder eine mehr oder minder weitgehende Restriktion der Zahlungsmittelmenge und daraus folgende Hebung des Wertes der Geldeinheit auf ein noch höheres Niveau und Fundierung und Stabilisierung auf diesem Niveau. Dabei ist zu beachten, daß eine gewisse Restriktion der Zahlungsmittelmenge vorerst schon erforderlich ist, um diese in Übereinstimmung mit der zunächst in isolierter Weise vor sich gegangenen Steigerung des Wertniveaus zu bringen. Denn es ist selbstverständlich, daß nicht dieselbe Zahlungsmittelmenge, die mit dem Preis- und Kursniveau der Jahre 1920, 1921 und 1922 zusammen bestanden hat, dauernd mit dem um rund 100 % veränderten Preis- und Kursniveau der Gegenwart zusammen bestehen kann. Die dauernde Beibehaltung der alten Zahlungsmittelmenge würde es unmöglich machen, das so veränderte Preis- und Kursniveau auf die Dauer aufrechtzuerhalten.

Im Gegensatz zum Ziel ist wohl das Mittel, dessen sich die Währungspolitik zu bedienen hat, um zu einem endgültigen Ziele zu gelangen, festgelegt. Es ist eine Vermögensabgabe. Der Ertrag der Vermögensabgabe ist ausdrücklich für die Zwecke der Währungssanierung bestimmt. Er kann an sich zur Erreichung des einen wie des anderen der beiden möglichen Ziele dienen. Die auf Grund der Vermögensabgabezahlungen einfließenden Zahlungsmittel können entweder ohne Ersatz für die Volkswirtschaft vernichtet werden, und damit würde die für die Volkswirtschaft verfügbare Zahlungsmittelmenge in dem Maße der Vermögensabgabezahlungen reduziert werden, oder es können in gleichem Maße vom Bankamte reale Deckungswerte angeschafft werden, dann bleibt die der Volkswirtschaft zur Verfügung stehende Zahlungsmittelmenge konstant, erhält aber eine Fundierung in reellen Werten. Auf diese Weise könnte schließlich auf dem bestehenden Niveau zur Goldwährung übergegangen werden. Je höher das Stabilisierungsniveau gewählt wird, um so weiter gehend muß die Restriktion sein, um so schwieriger und kostspieliger wird auch die Anschaffung der zur Fundierung erforderlichen Deckungswerte.

Auf Vermögensabgabezahlungen sind bis Ende Oktober 1923 beim Bankamte eingegangen 3178 Millionen Kronen. Davon wurden jedoch 1300 Millionen auf Konto der Guthaben auf bei der Währungstrennung zurückbehaltene Noten geleistet. Ebenso wurden ungefähr 200 Millionen auf Konto der bei der Währungstrennung gesperrten Giroguthaben entrichtet. Und schließlich wurden ungefähr 100 Millionen Kronen in Kassenscheinen entrichtet. Es bleiben also rund 1600 Millionen Kronen, die in disponiblen Zahlungsmitteln entrichtet wurden. Da nunmehr die gesperrten Guthaben aus zurückbehaltenen Noten, die gesperrten Giroeinlagen und gebundenen Kassenscheine durch Vermögensabgabezahlungen oder Freigebung an die Parteien erschöpft sind, können die weiteren Zahlungen auf die Vermögensabgabe nur mehr in disponiblen Zahlungsmitteln erfolgen. Dadurch muß die der Volkswirtschaft zur Verfügung stehende Zahlungsmittelmenge andauernd verringert werden, falls nicht an ihrer Stelle neue Zahlungsmittel auf anderem Wege, sei es einer Ausdehnung der Kreditgewährungen oder der Anschaffung von realen Deckungswerten, in den Verkehr gelangen. Da das Bankamt in dieser Hinsicht an keine Grenzen gebunden ist, hängt es im wesentlichen von seiner Leitung ab, welche Politik in der Zukunft befolgt werden wird.

Die Kreditpolitik des Bankamtes war in den ersten Jahren, wie aus der außerordentlichen Ausdehnung der Lombardkreditgewährungen zu ersehen war, außerordentlich weitherzig. Das war von einem Nachteil in der Stellung des Bankamtes auf dem Geldmarkt gefolgt. Als die Nachkriegskonjunktur vorüber war, ließ der geschäftliche Geldbedarf in der Volkswirtschaft rasch nach, wie das Zurücksinken des Eskomptes auf unter 300 Millionen Kronen zeigt. Der Zahlungsmittelumlauf ging aber nicht in demselben Maße zurück, da die Lombarddarlehen großenteils noch weiterhin ausständig blieben. Dadurch entstand eine große Geldflüssigkeit, die das Bankamt lange Zeit fast zur Einflußlosigkeit auf dem Geldmarkt verurteilte. Erst im letzten Jahre ist unter starkem Druck des Bankamtes ein weitgehender Rückfluß der Lombarddarlehen erfolgt, der in absehbarer Zeit ein Zurücksinken dieser Post auf einen Betrag von untergeordneter Bedeutung zur Folge haben dürfte. Erst dann wird das Bankamt wieder in die Lage kommen, durch seine Diskontpolitik die Lage des Geldmarktes in entscheidender Weise zu beeinflussen.

Die Zinssätze des Bankamtes betrugen bisher:

						Diskont	Lombard
vom	12. V.	1919	bis	11. V.	1920	5 %	—
„	12. V.	1920	„	15. VIII.	1921	6 %	2—2½ %
„	16. VIII.	1921	„	26. IV.	1922	5½ %	höher
„	27. IV.	1922	„	19. XII.	1922	5 %	
„	20. XII.	1922	„	14. I.	1923	7 %	
„	15. I.	1923	„	27. V.	1923	5 %	
„	28. IV.	1923	„	28. I.	1924	4½ %	
„	28. I.	1924	„	10. III.	1924	5 %	
„	10. III.	1924	„	—	1924	6½ %	

Diese Zinssätze erscheinen abnormal niedrig im Vergleich mit denen der anderen mitteleuropäischen Noteninstitute. Ihre Niedrigkeit erklärt sich daraus, daß die Inflation in der Tschechoslowakei rechtzeitig gestoppt worden war, das heißt zu einer Zeit, da noch nicht jene Kapitalaufzehrung und jene psychische Indisposition zur Neubildung von Kapital eingesetzt hat, die stets die Folge der Inflation in fortgeschritteneren Stadien zu sein pflegt. Es gab hier noch flüssiges Kapital aus der Kriegszeit her und auch in der Nachkriegszeit wurde die Ersparnistätigkeit fortgesetzt. Die Erscheinung, die insbesondere in Deutschland und Österreich zu sehen war, daß das gesamte Geld auf den Konsumgütermarkt und auf den Devisenmarkt drängte und der „Geldmarkt" unbeschickt blieb, zeigte sich hier nicht. Und zur Zeit der Wertsteigerung der Krone zeigte sich die gerade entgegengesetzte Erscheinung, die Zurückhaltung vom Verbrauch und die Ansammlung von flüssigem Kapital. Bezeichnend hierfür ist das starke Anwachsen der Giroeinlagen beim Bankamt, die im Juli 1923 vorübergehend den Betrag von nahezu 3½ Milliarden erreichten. Zu gleicher Zeit zeigte sich ebenso ein außergewöhnlich starker Depositenstand bei den Banken. Im Laufe der nächsten Monate dieses Jahres hat diese Entwicklung allerdings wieder eine entgegengesetzte Richtung eingeschlagen, was auf die Gewährung schwebender Kredite durch die Banken an den Staat zurückzuführen ist, wodurch der Geldmarkt wieder verknappt wurde. Diese Situation war es, der das Bankamt schließlich durch die bis dahin ungewohnte Erhöhung der Zinssätze im Januar 1924 Rechnung getragen hat.

Der Zusammenbruch der russischen Währung und die Aussichten auf ihre Wiederherstellung.

Von

Prof. M. v. Bernatzky,
Staatsminister a. D.

Übersetzt von Edgar Thal.

I.

Die Goldwährung wurde in Rußland bekanntlich in den 90er Jahren des vorigen Jahrhunderts (durch eine Reihe von Gesetzen und Regierungsverordnungen aus den Jahren 1895—1898), zur Zeit des Finanzministers Grafen S. J. Witte, eingeführt. Trotz mancher Mängel in ihrer Konstruktion, die unten noch zu besprechen sind, hat sie eine genügende Festigkeit erwiesen, um die Erschütterungen des Russisch-Japanischen Krieges und insbesondere die darauffolgenden inneren Unruhen überstehen zu können. Die Jahre von dieser Zeit bis zum Ausbruch des Weltkrieges zeichneten sich durch einen großen Aufschwung in den Hauptzweigen der Volkswirtschaft aus und haben dadurch die Grundlage der Goldwährung gefestigt. Einige Daten bezüglich der Ausgabe von Wertpapieren, des Wachsens der Volksersparnisse und der Tätigkeit der Hauptbanken werden genügen, um das Tempo des wirtschaftlichen Fortschritts Rußlands zu veranschaulichen. Besonders bemerkenswert ist die Tatsache, daß etwa seit dem Jahre 1905 der russische Geldmarkt in seiner Bedeutung für Rußland die ausländischen überflügelt.

Wertpapiere untergebracht	1904—1908	1909—1913	im ganzen
	in Millionen Rubel		
in Rußland	2861,8	3840,4	6702,2
im Ausland	1517,3	1718,4	3235,7

Die Spareinlagen der staatlichen Sparkassen betrugen am Ende des Jahres 1908 1430,3 Millionen Rubel und am Ende des Jahres 1913 annähernd 2 Milliarden. Die Depositen und Kontokorrentguthaben der Aktienbanken beliefen sich am 1. Januar 1908 auf 898 Millionen Rubel und am 1. Januar 1913 auf 2330 Millionen Rubel. Im Laufe eines einzigen Jahrzehnts (1904—1913) hat Rußland, laut amtlichen Angaben des Finanzministeriums, seine Geldkapitalien um über zwei Drittel erhöht (von 11,3 auf 19 Milliarden). Und wenn auch diese Zahl für einen Staat mit 170 Millionen Einwohnern absolut nicht groß ist, so ist sie doch für das Tempo der „Kapitalisierung" Rußlands sehr bezeichnend. Die Bildung und die Stärkung des eigenen Geldmarktes war vom Standpunkt der wirtschaftlichen Entwicklung Rußlands eine außerordentlich wichtige Tatsache: ein sicherer und andauernder Friede hätte sicherlich zu einer gewaltigen Entwicklung der Produktionskräfte des Landes geführt.

Wir wollen nun die Grundlagen der russischen Geldverfassung in Erinnerung bringen und auf einige ihrer Schwächen hinweisen.

Laut Artikel 3 des Münzgesetzes (1899) „ist die russische Münzeinheit auf Gold basiert. Die staatliche russische Münzeinheit ist der Rubel; er enthält 17,424 Doli[1] feinen Goldes". Im Artikel 5 wird das „Recht auf freie Prägung" des Goldes festgelegt, und im Artikel 12 wird das Fehlen der Prägefreiheit für Silber und Kupfer bestimmt. Die hochhaltigen Silbermünzen ($^{900}/_{1000}$ Feinheit) — 1 Rubel, 50 Kopeken und 25 Kopeken — müssen von Privatpersonen bis zur Höhe von 25 Rubel, die geringhaltigen Silbermünzen ($^{500}/_{1000}$ Feinheit) — 20 Kopeken, 15 Kopeken, 10 Kopeken und 5 Kopeken — und die Kupfermünzen — 5 Kopeken, 3 Kopeken, 2 Kopeken, 1 Kopeke, $^1/_2$ Kopeke und $^1/_4$ Kopeke — bis zur Höhe von 3 Rubel in Zahlung genommen werden. Die Höchstsumme, bis zu welcher Scheidemünzen ausgegeben werden können, wird vom Finanzminister bestimmt. Die Goldmünzen wurden in Stücken von 10 und 5 Rubel geprägt.

Was die Papierzahlungsmittel betrifft, so wurden solche laut Gesetz vom 29. August 1897 (welches in das Statut der Staatsbank, das seit dem Jahre 1894 nicht mehr revidiert wurde, nicht hineingekommen ist) von der Staatsbank „in durch die dringenden Bedürfnisse des Geldumlaufs streng begrenztem Umfange" ausgegeben und tragen den Namen „staatliche Kreditscheine" (dieser Name stammt noch aus dem Jahre 1843 — der Währungsreform des Grafen Kankrin). Nach der Absicht des Gesetzgebers sollten diese Scheine richtige, von der Staatsbank für Handelszwecke ausgegebene Banknoten darstellen. Aber entsprechende Änderungen des Bankstatuts (wie auch des Namens der Scheine) wurden nicht vorgenommen, so daß diese Scheine einige Eigenschaften des Staatspapiergeldes erhalten haben. Allerdings war die festgesetzte Golddeckung eine sehr hohe (analog der Peelsakte): bei einer Ausgabe von 600 Millionen Rubel sollte die Hälfte durch Gold in Münzen und Barren und jede über diesen Betrag hinausgehende Ausgabe vollständig durch Gold gedeckt werden; also war das Recht der Ausgabe nicht bar gedeckter Noten auf einen Betrag von nur 300 Millionen begrenzt. Aber für diese 300 Millionen war keine bestimmte Deckungsart vorgeschrieben; als Deckung konnte jeder Aktivposten der Bank dienen, also auch staatliche und private Wertpapiere, auch Waren und langfristige Industriedarlehen. Der papiergeldähnliche Charakter

---

[1] 1 Dolja = 0,044 Gramm. (Anmerkung des Übersetzers.)

der Kreditscheine wurde noch durch zwei Umstände verstärkt: erstens hatten sie Zwangskurs und zweitens wurden die kleinen Scheine in sehr großem Verhältnis ausgegeben. Wenn man die Menge der kleinen Scheine zusammenrechnet — 10 Rubel und kleinere —, so sieht man, daß ihr Wert am 1. Januar 1914 fast die Hälfte des Gesamtwertes aller ausgegebenen Scheine betrug (48,2%). Dagegen machten die großen Banknoten, die 100= und die 500=Rubel=Scheine, 4,9% und 28,6% aus.

Die russische Währung besaß noch eine versteckte Papiergeldart — die sogenannten „Staatskassenscheine". Seit ihrem ersten Auftreten in der Geschichte der russischen Staatsfinanzen (1831) haben sie einem doppelten Zweck gedient: der Antizipation der Staatseinnahmen (worin ihre Ähnlichkeit mit den ausländischen Bons du Trésor liegt) und dem Umlauf als Geldzeichen. Laut Gesetz über die Geldscheine in seiner letzten Formulierung, Artikel 158, zweiter Teil des Kreditstatutes, „werden die Staatskassenscheine vom Staatsschatzamt und von der Staatsbank für alle Zahlungen zu ihrem Nominalwert in Zahlung genommen"; — daher ihre freie Zirkulation in den Händen der Privaten. Allerdings hat die Aufrechnung der Zinsen sie in der Erfüllung ihrer Geldfunktion gehemmt; aber der Einfluß ihrer Ansammlung auf die Bewertung der Geldeinheit ist zweifellos. Da die Scheine auf ziemlich hohe Summen lauteten (50 und 100 Rubel), war ihr Umlauf natürlich eng begrenzt. Vor dem Kriege belief sich die Gesamtsumme der Scheine auf 150 Millionen Rubel.

Wenn man zu den angeführten Mängeln der Kreditgeldsurrogate die große Rolle der Hilfs= und Scheidemünzen im russischen Geldumlauf bei einer verhältnismäßig geringen Bargeldzirkulation hinzufügt, so muß man eine gewisse Tendenz zum „Hinken" der russischen Goldwährung feststellen. In der Tat waren nach amtlichen Angaben am 1. Juli 1914 463,7 Millionen Rubel Goldmünzen im Verkehr — in Wirklichkeit waren es weniger; vollwertige Silbermünzen gab es 119,9 Millionen Rubel; silberne Scheidemünzen 119,8 Millionen Rubel und Kupferscheidemünzen 18,9 Millionen Rubel, also im ganzen 258,6 Millionen Rubel Hilfsmünzen. Kreditscheine, von denen ungefähr die Hälfte auf kleine Summen lautete, gab es vor dem Kriege (am 16. Juli 1914) 1633,4 Millionen Rubel. Auf diese Weise hatten von der Gesamtmenge des Metall= und Papiergeldes — 2355,7 Millionen Rubel — über 1200 Millionen Rubel den Charakter des Hilfsgeldes.

Für die Frage der Aufrechterhaltung einer Währung ist die Zahlungsbilanz von großer Bedeutung. Wie später gezeigt wird, hat die russische Zahlungsbilanz von diesem Gesichtspunkt aus zu fortgesetzten Besorgnissen Anlaß gegeben. Rußland mußte infolge seiner großen Verschuldung alljährlich sowohl für staatliche und vom Staat garantierte Schulden wie für die privaten auf den ausländischen Märkten untergebrachten Wertpapiere sehr große Summen an das Ausland zahlen. Laut amtlichen Angaben der „Kreditkanzlei" erforderte die Einlösung der Zinsscheine der im Ausland untergebrachten staatlichen Anleihen jährlich ungefähr 200 Millionen Rubel, die der Eisenbahnen, der Städte und andere etwa 100 Millionen Rubel; die Dividenden an Ausländer, die Kosten der Seeschiffsfrachten und die Ausgaben der Touristen machen im ganzen noch zirka 100 Millionen aus. So hatte Rußland in den Jahren vor dem Kriege an unumgänglichen jährlichen Zahlungen an das Ausland nicht weniger als 400—450 Millionen Rubel zu leisten. Als Quelle für ihre Begleichung konnte nur die Handelsbilanz dienen, die beständig aktiv war. Ihr Aktivsaldo wurde durch die Ausfuhr von land- und forstwirtschaftlichen Rohprodukten, vor allem von Getreide, gebildet; auf diese Weise wurde der Rubelkurs schließlich durch den Ausfall der Getreideernte und durch den Stand der Getreidepreise im Auslande bestimmt. Ein ungenügender Saldo mußte den Abfluß eines Teils des Goldfonds ins Ausland und damit eine Schwächung der Grundlage der Goldwährung befürchten lassen. Es wurden zwar Maßnahmen zur Hebung der Goldproduktion getroffen, die die Ausbeute des gelben Metalls bis auf 78,4 Millionen Rubel im Jahre 1913 gesteigert haben, aber auch das hat den russischen Geldmarkt vor Erschütterungen nicht bewahrt.

In den fünf Vorkriegsjahren 1909—1913 war das Verhältnis zwischen Einfuhr und Ausfuhr folgendes:

Wert in Millionen Rubel:

	Ausfuhr	Einfuhr	Überschuß der Ausfuhr über die Einfuhr
1909	1427,7	906,3	+ 521,4
1910	1449,1	1084,4	+ 364,7
1911	1591,4	1161,7	+ 429,7
1912	1518,8	1171,8	+ 347,0
1913	1520,1	1374,0	+ 146,1
im Durchschnitt der Jahre 1909—1913:	1501,4	1139,6	+ 361,8

So konnte also das Passivum der Zahlungsbilanz nicht in jedem Jahre durch den Aktivsaldo der Handelsbilanz gedeckt werden; es blieb doch noch ein Fehlbetrag von durchschnittlich zirka 50 Millionen, den man — nolens volens — durch neue ausländische Anleihen decken mußte. Das mangelnde Gleichgewicht der Zahlungsbilanz bedingte eine gewisse Unsicherheit der Goldwährung und forderte von der Regierung fortgesetzte Maßnahmen zu ihrer Festigung. Daher die forcierte Politik der auswärtigen Anleihen, daher auch die, wie die Erfahrung des Weltkrieges gezeigt hat, durchaus nicht ungefährliche Politik, bedeutende Summen Barrengoldes im Auslande zu halten (am 1. Januar 1913 651 Millionen Rubel, von denen 222,6 Millionen Rubel der Staatsbank gehörten). Das Halten von Goldreserven im Auslande wurde dadurch zur dringenden Notwendigkeit, daß die Zahlungen Rußlands an das Ausland sich mehr oder weniger gleichmäßig auf das ganze Jahr verteilten, während die Haupteinkünfte auf den Herbst, die Zeit der Realisation der Ernte, fielen.

Bei allen angeführten Mängeln — konstruktiver wie dynamischer Art — war die russische Goldwährung vor Kriegsausbruch genügend gefestigt. Am 16. Juli 1914 waren im Verkehr Kreditscheine für 1633,4 Millionen Rubel, während die Golddeckung (in den Schatzkammern der Staatsbank) sich auf 1603,6 Millionen Rubel belief. Wenn man zu dieser letzten Summe das Gold der Staatsbank im Auslande und die Tratten im Betrage von 140,7 Millionen Rubel hinzufügt, so ergibt sich, daß die Kreditscheine mehr als voll gedeckt waren. Bekanntlich wurde „das Gold im Auslande" in Rußland wie auch in den Statuten einiger westeuropäischer Banken fälschlicherweise zur Bardeckung hinzugerechnet.

II.

Der Weltkrieg hat das russische Geldsystem von vornherein schweren Erschütterungen ausgesetzt, so daß die Revolution einen schon sehr stark ins Wanken geratenen Apparat geerbt hat. Verderblich wirkten vor allem zwei Momente: erstens die Isolierung von den auswärtigen Märkten, was zur raschen Verteuerung der für Rußland überaus notwendigen ausländischen Valuten, zur Verringerung des „Außenwertes" des russischen Rubels beigetragen hat, und zweitens die Finanzierung eines großen Teils der Kriegsausgaben durch die Emission von Kreditscheinen, deren Inlandswert dadurch unvermeidlich verringert wurde. Wir wollen nun zur Schilderung der Grundzüge der Geschichte des russischen Geldwesens während des Krieges und der Regierungsmaßnahmen zu seinem Schutz übergehen.

Nach dem Gesetz vom 23. Juli (5. August) 1914 wurde die Goldwährung in Rußland, wie auch in allen anderen kriegführenden Staaten (außer England), in eine Papierwährung umgewandelt. Artikel 1 des Gesetzes lautete: „Bis zum Aufhören der außerordentlichen Umstände wird die Einwechslung der staatlichen Kreditscheine gegen Goldmünzen vorübergehend aufgehoben." Artikel 2: „Der Staatsbank wird es freigestellt, außer der zulässigen Summe der Ausgabe staatlicher Kreditscheine, solche Scheine bis zu einer Summe von 1200 Millionen Rubel auszugeben." Artikel 3: „Die Staatsbank hat für den Fall, daß der Staat Kredite fordert, kurzfristige Verpflichtungen des Staatsschatzamtes in dem Umfange zu diskontieren, der dem Bedarf der Kriegszeit entspricht."

Der Zwangskurs brauchte nicht erst eingeführt zu werden, da die Kreditscheine ihn ja schon früher hatten.

Natürlich verschwanden die Goldmünzen sogleich nach Veröffentlichung dieses Gesetzes aus dem Verkehr. Die Regierung erließ an die Bevölkerung einen Aufruf, wie das auch in anderen Staaten geschah, daß die Goldmünzen an die Staatsbankkassen abzuliefern seien; aber eine merkliche Wirkung hat dieser Aufruf nicht gehabt. Trotz der bedeutenden Vergrößerung der Kreditscheinausgabe im Laufe der ersten zwei Monate (Kosten der Mobilmachung der Armee, der Unterstützung der Privatbanken und der Sparkassen) konnte von einer Entwertung des Rubels im Inlande keine Rede sein. Der Grund liegt darin, daß der Inlandsbedarf an Kreditscheinen stark gestiegen war, da man erstens die Lücke ausfüllen mußte, die durch das Verschwinden der Goldmünzen entstanden war; zweitens hat die Einschränkung des Kreditverkehrs zur Vergrößerung des Bedarfes an Bargeld geführt, und drittens wurden große Mengen von Waren, die früher exportiert wurden, auf den Binnenmarkt geworfen. Die Vergrößerung des Papiergeldumlaufs wird durch folgende Zahlen gekennzeichnet:

Am 16. Juli 1914 . . . waren im Umlauf 1633,3 Millionen Rubel,
„ 1. August 1914 . . „ „ „ 2321,0 „ „
„ 1. September 1914 . „ „ „ 2553,5 „ „
„ 1. Oktober 1914 . . „ „ „ 2697,4 „ „
„ 1. November 1914 . „ „ „ 2790,9 „ „
„ 1. Dezember 1914 . „ „ „ 2846,0 „ „
„ 1. Januar 1915 . . „ „ „ 2946,5 „ „

Zusammenbruch der russischen Währung; Aussichten auf ihre Wiederherstellung.

Irgendwelche bedeutenden Schwierigkeiten haben sich im Reiche, außer in der Nähe des Kriegsschauplatzes, mit dem Scheidegelde nicht ergeben; die Scheidegeldkrise, die für den Inlandswert des Papierrubels verhängnisvoll wurde, setzte erst nach einem Jahre ein. Ein Warnungssignal bildete in dieser Beziehung die plötzliche Abnahme des Vorrats an Silber- und Kupfermünzen bei den Kassen der Staatsbank. Am 16. Juli 1914 betrug dieser Vorrat 72,7 Millionen Rubel, am 1. August 63,1 Millionen Rubel, am 1. September 55,0 und am 1. Januar 1915 44,9 Millionen Rubel. Der Münzhof erhielt große Bestellungen, aber in Voraussicht künftiger Schwierigkeiten mußte man energischere Maßnahmen ergreifen.

Die Regierung hat auch nicht versäumt, sich der „versteckten" Art des Papiergeldes: der „Staatskassenscheine" zu bedienen; nach der Verordnung vom 22. August 1914 wurde der Finanzminister ermächtigt, solche bis zum Betrage von 300 Millionen Rubel in den Verkehr zu bringen. Was die „kurzfristigen Verpflichtungen des Staatsschatzamtes" betrifft, begann man sie als Deckung der gewährten Kredite im Auslande unterzubringen; im Inlande wurden sie in der ersten Zeit nur in der Staatsbank durch Diskontierung placiert. Der freie Markt hat sie erst später aufgenommen.

Man muß sagen, daß trotz der gewaltigen finanziellen Schwierigkeiten (zu den Kriegsausgaben kam noch der Verlust an Einnahmen aus dem abgeschafften Branntweinmonopol — über 650 Millionen Rubel Gold netto) die Notenausgabe im Interesse des Fiskus in den ersten fünf Kriegsmonaten nur den verhältnismäßig bescheidenen Betrag von 657 Millionen Rubel erreichte. (Es soll bemerkt werden, daß infolge der umsichtigen Tätigkeit des vorhergehenden Finanzministers Grafen Kokowzeff das Schatzamt bei Kriegsausbruch über freie Summen im Betrage von 580 Millionen Rubel verfügte.)

Schlimmer sah es mit dem Rubel auf den ausländischen Märkten aus. Der plötzlich ausgebrochene Krieg fand einen großen russischen Goldvorrat in verschiedenen Ländern, besonders in Frankreich vor. Gerade in diesem Lande sind die russischen Bestände unter die Wirkung des Bankmoratoriums gefallen. Auf diese Weise war die russische Regierung plötzlich der Möglichkeit beraubt, die Zinsscheine ihrer Anleihen einzulösen, und den Privaten wurde es unmöglich, ihre Schulden zu bezahlen; unter solchen Umständen konnte man schwer auf einen neuen Zufluß in ausländischer Valuta rechnen. Auf dem Wege langwieriger

Unterhandlungen ist es mit Hilfe der Bank von Frankreich gelungen, die Frage der Zinsenzahlung für die staatlichen Anleihen zu lösen; aber vollständig wurde dieses Problem erst im Jahre 1915 gelöst.

Der gewaltige Devisenbedarf zur Ausführung der unumgänglichen Kriegsbestellungen und zur Bezahlung der für die Wirtschaft nötigen Einfuhr konnte nicht mehr durch die Ausfuhr befriedigt werden: die Hauptgrenzen waren, besonders nach dem Eintritt der Türkei in den Krieg auf die Seite der Zentralmächte, gesperrt. Das Jahr 1914 ergab in der Handelsbilanz einen Passivsaldo von 141,9 Millionen Rubel. Es darf deshalb nicht wundernehmen, daß der Rubel im Ausland schon in den ersten Kriegsmonaten an Wert stark eingebüßt hat. Auf der Londoner Börse kostete 1 Pfund Sterling, bei einer Parität von 9,457 Rubel, im November bis 10 Rubel und stieg zeitweise auf 10½ bis 11 Rubel. Man kann also sagen, daß der innere Geldmarkt den Anfang des Krieges verhältnismäßig glücklich überstanden hat; die Hauptschwierigkeiten, welche auf den auswärtigen Rubelkurs eingewirkt haben, ergaben sich außerhalb des Landes.

Mit der Hinziehung des Krieges verstärkte sich die Papiergeldinflation immer mehr und wurde von allen für sie charakteristischen Erscheinungen begleitet. Vor allen Dingen wollen wir das Steigen des Papiergeldumlaufs verfolgen.

Es befanden sich im Umlauf
am 1. Januar 1916 . . . . 5617,0 Millionen Rubel,
„ 1. Januar 1917 . . . . 9103,0 „ „
„ 1. März 1917 . . . . 9949,6 „ „
„ 23. Oktober (die letzte Bilanz der Staatsbank) 18917,0 „ „

Bis zum Anfang der bolschewistischen Ära ist er mehr als das Elffache gestiegen.

Die zeitweilige Regierung hat während ihrer kurzen Lebensdauer fast ebensoviel Noten ausgegeben wie die kaiserliche Regierung während der 2½ Kriegsjahre. Die durchschnittliche Monatsausgabe betrug (in Millionen Rubel):

vom Anfang des Krieges bis zum 1. Januar 1915 310,4
im Jahre 1915 216,0
im Jahre 1916 289,5
im Jahre 1917 bis zur Märzrevolution 426,0
unter der zeitweiligen Regierung 1083,0

Das Notenausgaberecht der Staatsbank ist zehnmal erweitert worden:

Zusammenbruch der russischen Währung; Aussichten auf ihre Wiederherstellung. 33

```
am 22. Juli 1914. . . . .  von 300 um 1200 Millionen Rubel,
"  17. März 1915 . . . .       "     1000    "        "
"  22. August 1915 . . .       "     1000    "        "
"  29. August 1916 . . .       "     2000    "        "
"  27. Dezember 1916 . .       "     1000    "        "
"   4. März 1917 . . . .       "     2000    "        "
"  11. Juli 1917 . . . .       "     2000    "        "
"   7. September 1917. .       "     2000    "        "
"   6. Oktober 1917 . . .      "     2000    "        "
```
in Summe um 16 200 Millionen Rubel,
betrug also 16 500 " "

Aus der Gesamtsumme der Scheine von 18 917 Millionen Rubel wurden für den Bedarf der Staatskasse 15 507,2 Millionen Rubel ausgegeben (gerade für diesen Betrag wurden kurzfristige Verpflichtungen des Staatsschatzamtes in der Staatsbank diskontiert). Laut Angaben das Staatsschatzamtes von Mitte Oktober 1917 wurden von den für Kriegszwecke eröffneten Krediten zirka 42 Milliarden ausgegeben, das heißt, daß (außer den Staatskassenscheinen, die während des Krieges im Betrage von 850 Millionen Rubel emittiert waren) zirka 38%, also rund $2/5$ der Kriegsausgaben durch Papiergeldausgabe gedeckt wurden.

Eine sehr schlimme Wirkung auf das ganze Geldsystem hat die Scheidegeldkrise der zweiten Hälfte des Jahres 1915 gehabt. Die hochhaltigen Silbermünzen begannen schon früher aus dem Verkehr zu verschwinden; aber ein Mangel an Kleingeld war nicht zu bemerken. Die Panik, die in beiden Hauptstädten ausgebrochen war, und die sich in allen wichtigen Plätzen des europäischen Rußlands fühlbar machte, ist psychologisch mit der für Rußland ungünstigen Wendung der Kriegsereignisse, im Sommer 1915, verknüpft. Die Wirtschaftskrise erklärt sich durch die eingetretene Störung des alten Verhältnisses zwischen den auf verschiedene Beträge lautenden Geldstücken und durch die allgemeine Schwächung des Kreditverkehrs, was den Bedarf an Bargeld erhöhte. Um das Bedürfnis nach kleinen Scheinen zu befriedigen, war die Regierung genötigt, zu dem Mittel zu greifen, das ihr gerade zu Gebote stand: zu den Postmarken, welche anläßlich des 300 jährigen Jubiläums des Hauses Romanoff angefertigt wurden. Diese Marken waren in jeder Beziehung unbefriedigend: sie waren zu klein und wurden leicht unsauber. Durch eine besondere Verordnung des Ministerrates vom 25. September 1915 wurden diese Marken

„Scheidemarken" genannt und erhielten alle Eigenschaften der silbernen und kupfernen Scheidemünzen. Ihre Annahme in Zahlung wurde für obligatorisch erklärt, „bis der Münzhof genügende Mengen von Scheidemünzen anfertigt". In der Tat wurden dem Münzhof neue große Bestellungen gegeben; aber die Möglichkeit der Zirkulation der kleinen Münzen war infolge der Ausgabe der Scheidemarken psychologisch ausgeschlossen. Es mußte an Papiergeldzeichen (von 1 bis 50 Kopeken) gedacht werden, deren Ausgabe durch das Gesetz vom 13. November 1915 bestimmt wurde. Nach Erscheinen der beiden Arten des Papierscheidegeldes bestand nun der russische Geldumlauf vollständig aus Papier; eine Tatsache, die ihrerseits sehr ungünstig auf den zu dieser Zeit ohnehin stark gefallenen Rubelwert einwirken mußte.

Das Steigen der Kriegsausgaben und die fortschreitende allgemeine Teuerung hätten eigentlich die Regierung auf die Notwendigkeit der rechtzeitigen Erweiterung der technischen Möglichkeiten des Papiergelddruckes aufmerksam machen müssen. Das wurde aber versäumt, und die zeitweilige Regierung kam, in bezug auf die Versorgung des Marktes mit Zahlungsmitteln, in eine sehr traurige Situation. Zur Zeit der zeitweiligen Regierung fing die Verschlechterung des Grundtypus der Kreditscheine an, und die Bevölkerung begann zwischen den alten „Romanoffrubeln" (auch „Zaren"- und „Nikolaigeld" genannt) und den neuen zu unterscheiden.

Am 26. April 1917 wurde die Ausgabe von 1000-Rubel-Scheinen beschlossen. (Da auf diesen Scheinen das Gebäude der Staatsduma abgebildet war, so bekamen sie den Namen „Dumarubel".) Zum Herbst drohte die Sache, infolge der Unmöglichkeit für die Staatsdruckerei, die nötigen Mengen von Scheinen anzufertigen, eine katastrophale Wendung zu nehmen: die Fortführung des Krieges wurde in Frage gestellt. Eiligst wurde eine Bestellung auf neue Geldscheine (25 und 100 Rubel) in den Vereinigten Staaten untergebracht, bis zu deren Ausführung (die Anfang 1918 versprochen wurde) man zum äußersten Mittel greifen mußte: zur Benutzung des Klischees der Konsularmarke zur Herstellung der „Schatzamtzeichen", lautend auf 20 und 40 Rubel. Zwecks möglichst rascher Herstellung und infolge des kleinen Umfangs der Zeichen wurden die einzelnen Scheine nicht numeriert und nicht mit Unterschriften versehen.

Zur selben Zeit (am 22. August) wurde die Ausgabe der 250-Rubel-Scheine beschlossen.

Obwohl die „Schatzamtzeichen" gut genug geschützt waren, so hat doch ihr ungewöhnliches, im Vergleich zu früheren Scheinen recht unansehnliches Äußere sehr stark dazu beigetragen, daß das Vertrauen der Bevölkerung zum Papierrubel schwand. Die Zeichen bekamen sofort den verächtlichen Namen „Kerenski" (nach dem Namen des Ministerpräsidenten Kerensky) und fingen an, das Romanoffgeld aus dem Verkehr zu verdrängen. Später haben sie als Finanzierungsmittel der Sowjetmacht eine große Rolle gespielt.

So hat Rußland infolge des Krieges und der Märzrevolution seine Goldwährung verloren, hat sein Geldsystem in einen durch und durch papiernen und außerdem aus Geldzeichen verschiedener Typen sehr bunt zusammengesetzten verwandelt.

Wie stand es denn nun mit dem Inlands= und dem Außenwert des Rubels, und welche Maßnahmen traf die Regierung, um den schädlichen Wirkungen der Inflation vorzubeugen?

Über den Grad der Geldentwertung im Innern des Landes können wir nach dem Steigen der Warenpreise, also nach dem Ausmaß der Teuerung urteilen. Gewiß ist die Teuerung eine komplizierte Erscheinung, die sowohl durch den Zustand des Geldsystems wie auch durch die auf der Warenseite liegenden Gründe bedingt wird. Das Maß des Einflusses jedes der beiden Faktoren zu bestimmen, ist eine sehr schwierige Aufgabe. Arbeiten, die in Rußland zum Zwecke der Erforschung der Teuerungsursachen gemacht wurden, haben keine deutliche Erklärung gegeben. Eines kann man mit genügender Sicherheit behaupten, daß nämlich zwischen der Vergrößerung der Papiergeldausgabe und dem Steigen der Warenpreise ein Parallelismus besteht. Man darf aber nicht vergessen, daß die „Warenseite" in der Teuerung eine immer größere Rolle spielen mußte, da immer größere Teile der kräftigen Bevölkerung von der produktiven Arbeit abgelenkt wurden und die Nachfrage nach Produkten für die Versorgung des Heeres immer stieg. Die Nahrungsbedingungen im letzteren waren so gut, wie sie große Teile der unteren Bevölkerungsschichten früher nicht gekannt haben.

Das Steigen der Preise wurde im allgemeinen seit dem Anfang des Jahres 1915 bemerkbar. Während des Jahres 1915, bei einer Neuausgabe von 2,6 Milliarden Papierrubel, stieg der Brotpreis von 2,8 Goldkopeken pro Pfund[1] bis auf 3,5 Kopeken, das heißt der Rubel

---
[1] 1 russisches Pfund = 1/40 Pud = 96 Solotnik = 409 Gramm.

war um 20% im Werte gefallen. Im Jahre 1916, bei einer Neuausgabe von 3,5 Milliarden Rubel, stieg der Brotpreis bis auf 4,5 Kopeken; also betrug die Wertminderung des Rubels im Vergleich zum Brotpreis schon 38%. Der Fleischpreis (pro Pfund) betrug in den beiden Hauptstädten und an einem der Viehmärkte:

	Ende 1914	Sommer 1915	Herbst 1916
Moskau	22 Kopeken	34 Kopeken	78 Kopeken
Petrograd	22 „	30—36 „	80 „
Saratow	12 „	20 „	33 „

Wenn man die Preise der 14 Hauptexportartikel (Weizen, Roggen, Gerste, Hafer und anderes) für das Jahr 1913 gleich 100 setzt, so drückt sich die Preisbewegung in folgenden Zahlen aus:

1914 Juli bis Dezember	108,1
1915 Januar bis Juni	138,0
1915 Juni bis Dezember	155,1
1916 Januar bis Juni	195,7
1916 Juli bis Dezember	215,9
1917 Januar bis Juni	311,0

Obwohl Rußland jetzt eine Papierwährung hatte, wurde doch der Geldwert auf den des Goldes bezogen. — Vor allem hat es die Regierung selber getan, beim Ankauf des Goldes von den Goldproduzenten. Laut Verordnung des Finanzministers vom 24. November 1915 wurde eine besondere Prämie für die Goldablieferung festgesetzt — 30% vom Werte des feinen Metalls. Am 14. Januar 1916 wurde diese Prämie auf 45% erhöht. Unter der zeitweiligen Regierung fand eine weitere Erhöhung statt (für 1 Solotnik [= 4,26 g — Anmerkung des Übersetzers] feinen Goldes wurde nun statt des Vorkriegspreises 5 Rubel 51 Kopeken 11 Rubel 50 Kopeken gezahlt), so daß die Regierung selber die Entwertung des Papierrubels im Verhältnis zum Golde auf mehr als das Doppelte anerkannt hat.

Bis zur Mitte des Jahres 1917 hat der Rubel im Inlande nicht weniger als zwei Drittel seines Goldwertes verloren. Von da ab schritt die Entwertung rascher voran, so daß er bis zum Oktober nur etwa ein Fünftel seines alten Wertes behielt (also zirka 20 Goldkopeken kostete).

Um den Boden, auf dem die auswärtige Bewertung des Rubels vor sich ging, zu kennen, muß man sich folgende Gegenüberstellungen vor Augen halten:

Zusammenbruch der russischen Währung; Aussichten auf ihre Wiederherstellung. 37

	Ausfuhr	Einfuhr	Saldo
	in Millionen Rubel		
1915	401,8	1138,6	— 736,8
1916	579,3	2682,5	— 1903,2
1917 (bis zum 15. Oktober)	363,3	2158,6	— 1795,3

Ohne ungeheuere Auslandskredite (7680,5 Millionen Goldrubel) konnte Rußland natürlich nicht mit seinen Kriegsaufgaben fertig werden. Der Hauptmarkt für die Bewertung des Rubels war London. Bei einer Parität von 94,57 Rubel für 10 Pfund Sterling haben wir folgende Kurse:

Dezember 1914	117,4
Januar 1915	113,9
Juli 1915	143,0
Dezember 1915	154,6
Januar 1916	160,5
Juli 1916	156,7
Dezember 1916	159,8
Januar 1917	165,3
Juli 1917	220,5
Oktober 1917	346,7

Die auswärtigen Börsen haben auf alle ungünstigen Kriegsereignisse scharf reagiert. Besonders haben die verhängnisvollen Ereignisse des Sommers 1915 den Rubelkurs mächtig gestürzt. Die Märzrevolution wurde von den Auslandsbörsen negativ bewertet.

Die Maßnahmen der Regierung während des Krieges zur Bekämpfung der schädlichen Wirkungen der Inflation kann man nicht als befriedigend bezeichnen. Es ist offensichtlich, daß die Regierung von Anfang an die oberste Kontrolle und Leitung der wirtschaftlichen Kräfte in ihren Händen hätte konzentrieren müssen (ohne natürlich die Privatinitiative zu töten). Statt dessen wurde es (in der ersten Zeit) dem Kriegsministerium überlassen, auf dem Inlandsmarkt als Konkurrent aufzutreten, was die Spekulation ungeheuer förderte. Den inneren Anleihen (die im ganzen bis zum Oktober 1917 10 099,4 Millionen Rubel einbrachten) ist es nicht gelungen, die Hauptaufgabe zu lösen — der Inflation durch rechtzeitige Herausziehung der überflüssigen Geldzeichen aus dem Verkehr vorzubeugen. Einerseits hat der Charakter der wichtigsten Sparer — der wohlhabenden Bauernschaft — es bedingt, daß große Geldbeträge thesauriert wurden; andererseits ging der Teuerungsprozeß rasch vorwärts und führte zum Verschlingen der neu ausgegebenen Scheine durch die Zirkulation. Wieder=

holt mußten neue Scheine zur Finanzierung der Ausgabe neuer Staatsanleihen ausgegeben werden. In den Privatbanken sammelten sich gewaltige Einlagen; wenn wir nur den mächtigsten Zweig des Bankwesens — die kommerziellen Aktienbanken — nehmen, so drückt sich die Bewegung ihrer Spareinlagen und Kontokorrente in folgenden Zahlen aus (in Millionen Rubel):

zum 1. August 1914 3393,3
„ 1. Januar 1915 3518,6
„ 1.   „   1916 4346,1
„ 1.   „   1917 7566,4
„ 1. August 1917 9153,3

Infolge der Reduzierung des Wechselportefeuilles (da Bargeschäfte vorgezogen wurden und der Kreditverkehr im allgemeinen geschwächt war) haben einige Banken den gefährlichen Weg der versteckten Warengeschäfte (auf eigene Rechnung) eingeschlagen; indem sie sich reichlich durch Sicherheiten in Sachwerten deckten, haben sie den Absatzmarkt verengt und die schädliche Warenspekulation gefördert.

Neben dieser Erscheinung blühten das Gründertum und die Umwertung der Kapitalien der alten Aktiengesellschaften.

Grundkapitalien der eingetragenen Handels- und Industrieaktiengesellschaften in Millionen Rubel

1913 525,9   1916 923,4
1914 422,4   1917 (8 Monate) 1351,5
1915 409,6

Natürlich hat in dieser Beziehung die „Mobilmachung der Industrie" für Kriegszwecke eine große Rolle gespielt.

Im Kampf mit der Spekulation hat sich die Regierung ganz machtlos gezeigt. Am 8. September 1916 wurde ein Gesetz erlassen, das die Verantwortlichkeit für (unbegründete) Erhöhung (oder Ermäßigung) der Preise für lebenswichtige Produkte verschärfte, das heißt es wurden diejenigen Artikel des Strafgesetzbuchs verschärft, welche von den heimlichen Vereinbarungen der Händler handelten. Dieses Gesetz, das erlassen wurde, um dem Drängen „der Straße" entgegenzukommen, konnte natürlich keine reale Bedeutung haben. Ebenso wurde, um der über die Tätigkeit der Banken nicht genügend orientierten öffentlichen Meinung entgegenzukommen, am 10. September 1916 ein Gesetz erlassen, das die Rechte des Finanzministers bezüglich der Aufsicht und Kontrolle über die Kreditbanken erweiterte und ihm das Recht ge-

Zusammenbruch der russischen Währung; Aussichten auf ihre Wiederherstellung. 39

währte, den Banken, falls ungesetzliche Handlungen entdeckt werden, diese oder jene Geschäfte für die Geltungsdauer des Gesetzes zu verbieten.

Außer diesen „negativen" Maßnahmen wurde auch eine Reihe solcher von größerer positiver Wirksamkeit zur Durchführung gebracht — zur Sicherung des Rubelkurses im Auslande. Leider bewegte sich die Regierung in dieser Richtung langsam und tastend, so daß die letzten Schritte zur Bekämpfung der Valutaspekulation schon von der zeitweiligen Regierung nicht lange vor ihrem Zusammenbruch unternommen wurden. Grundlegend auf diesem Gebiete war der Ukas vom 15. November 1914, der einen doppelten Zweck verfolgte: die Nichtzulassung von Beziehungen mit den Angehörigen der feindlichen Mächte und die Verhinderung oder wenigstens Hemmung der Kapitalflucht ins Ausland. Der erste Paragraph des Ukases handelt von der Unzulässigkeit irgendwelcher Zahlungen oder Überweisungen und Sendungen an Institute und Untertanen der feindlichen Mächte; der zweite Punkt lautet: Verboten ist „die Ausfuhr von Geld und Wertpapieren, Silber, Gold und Platin ins Ausland — im ganzen über den Betrag von 500 Rubel pro Person hinaus." Zuwiderhandlungen wurden mit einem Betrage von 1000—25 000 Rubel und Gefängnis bis zu einem Jahr und vier Monaten bestraft. In der ersten Zeit wurden an Aktien- und Kommerzbanken bezüglich der Sendungen ins Ausland große Privilegien erteilt, da man durch Placierung von Wertpapieren und Papierrubeln dortselbst die für die Volkswirtschaft nötigen ausländischen Valuten zu bekommen hoffte. Die Folgen dieser Privilegien waren aber für den Rubelkurs sehr traurig und haben eine Reaktion hervorgerufen.

Nach langen Schwankungen hat die Regierung eine besondere „Verrechnungsabteilung" der Kreditkanzlei (des Finanzministeriums) gebildet, welche aus Vertretern der Regierung, der Banken und der Börse bestand. Die Verrechnungsabteilung hat die ausländischen Devisenkurse täglich festgesetzt. Die Banken haben ihre Valutageschäfte mit der Angabe des Überflusses oder des Mangels an Devisen bekanntgegeben. Der Überfluß wurde der Verrechnungsabteilung zur Verfügung gestellt, welche ihn zwischen denjenigen Banken verteilte, die den Bedarf nicht aus eigenen Vorräten decken konnten. Die Valutageschäfte durften nur in Petrograd gemacht werden (so daß die Provinzbanken, die keine Filialen in der Hauptstadt besaßen, Vertreter ernennen mußten). Devisen durften nicht für diejenigen Artikel abgegeben werden, deren Einfuhr auf Grund von Regierungsbestellungen und mittels der von der Regierung hergegebenen Devisen erfolgte (Kriegsmaterial) und auch nicht für Luxusartikel (laut einem besonderen Verzeichnis). Durch eine Verordnung vom 19. Juni 1917 wurde die Versendung von Wertpapieren und Kreditscheinen ins Ausland durch die Post für eine den Betrag von 500 Rubel übersteigende Summe, auch in den früher ausnahmsweise gestatteten Fällen, endgültig verboten; und später wurde für Wertsendungen jeden Betrages die Vorschrift einer vorhergehenden Genehmigung des Finanzministers geplant. Im September 1917 wurde das Verbot, ohne besondere Genehmigung Geld ins Ausland zu schicken, auch auf Charbin und das Gebiet der Ostchinesischen Eisenbahn erweitert.

Infolge einer so schüchternen Politik zum Schutz des Rubelkurses auf den Auslandsbörsen und zur Bekämpfung der Kapitalflucht hat sich im Auslande eine ungeheure Menge russischen Papiergeldes angesammelt, nach einigen Berechnungen bis zu einer Milliarde Rubel, die den Rubelkurs drückte und die Regierung veranlaßte, eine teuere aber wenig erfolgreiche Börsenintervention zu unternehmen (durch die Firma B. Behring), was viele Millionen Pfund Sterling gekostet hat. Gewiß wäre ohne eine solche Intervention der Stand des Rubelkurses noch schlechter gewesen, und ihre verhältnismäßig geringe Wirksamkeit erklärt sich dadurch, daß die für Interventionszwecke bestimmten Summen nicht immer rechtzeitig bewilligt wurden und nicht groß genug waren.

Um die Betrachtung der „Kriegsperiode" des russischen Geldwesens zu schließen, muß man auf die Änderungen in der Goldreserve der Staatsbank einen Blick werfen. Da dasjenige Gold, welches sich im Auslande befand (auf den Konten der Staatsbank — 143,8 Millionen Rubel — sowie auch das Gold des Staatsschatzamtes), schon nicht mehr in die Heimat zurückkehren konnte, muß man, wenn man das Schicksal des Goldfonds verfolgt, nur dasjenige Gold in Betracht ziehen, welches sich am Anfang des Krieges in Rußland befand; es war ein Betrag von 1599,7 Millionen Rubel. Wie schon früher bemerkt wurde, hat sich die Goldreserve durch die „patriotischen Einzahlungen" von Goldmünzen im Austausch gegen die Kreditscheine nicht bedeutend vergrößert[1], ihre Vergrößerung sollte aus dem neugewonnenen Golde vor sich gehen.

Leider sank die Golderzeugung aus verschiedenen Gründen (Ab-

---

[1] Die Festsetzung von Goldprämien hat die Möglichkeit eines solchen Tausches endgültig beseitigt.

Zusammenbruch der russischen Währung; Aussichten auf ihre Wiederherstellung. 41

fluß der Kapitalien, Unmöglichkeit der Einfuhr von Maschinen und einiger Materialien aus dem Auslande, Mobilmachung gelernter Arbeiter):

Jahr	Gesamtproduktion in Pud	in Millionen Rubel
1914	4 056,2	86,7
1915	2 936,2	63,3
1916	1 859,6	42,2
1917 (ungefähr)	1 885,7	zirka 43,0

Gleichzeitig mußte die Staatsbank auf Grund besonderer Verträge zwischen den Finanzministern der verbündeten Länder eine bedeutende Summe baren Goldes nach England senden. Diese Goldsendung wurde von England als Vorbedingung für Eröffnung von Kriegskrediten an Rußland gestellt. Nach den Verträgen aus den Jahren 1914—1916 wurden im ganzen aus der Goldreserve der Staatsbank 68 Millionen Pfund Sterling nach England gesandt. Ein Teil dieses Verlustes wurde durch das im Lande neu gewonnene Gold aufgefüllt. Die Bewegung der Goldreserve der Staatsbank wird durch folgende Zahlen dargestellt (in Tausend Rubel):

am	16. Juli 1914	1 630 658
„	1. Januar 1915	1 558 250
„	1. „ 1916	1 613 016
„	1. „ 1917	1 474 858
„	16. Oktober 1917	1 295 225

Allerdings stehen in den Bilanzen der Staatsbank unter dem Titel „Gold im Auslande und Tratten" sehr hohe Beträge: zum 16. Oktober 1917 2 308 648 Tausend Rubel. Das ist aber ein offenbares Mißverständnis: außer dem der Bank von England übergebenen Golde und einigen blockierten Beträgen figurierte als „Gold im Auslande" der Kredit von 200 Millionen Pfund Sterling, welcher von der englischen Regierung ausschließlich zum Zwecke der fiktiven Vergrößerung der Deckung für die Kreditscheine der Staatsbank zur Vermeidung allzu häufiger Erweiterungen des Notenausgaberechtes eröffnet wurde (Punkt 6 des Vertrages vom 30. September 1915, der in London zwischen Bark und Mc. Kenna abgeschlossen wurde).

So hat sich also die Goldreserve der Staatsbank während der dreieinhalb Kriegsjahre um 335,5 Millionen Rubel vermindert. Der Unterschied zwischen der nach England geschickten Summe (68 Millionen Pfund Sterling = annähernd 636 Millionen Rubel) und diesem Betrage ergibt das Anwachsen der Reserve aus der inländischen Goldproduktion. Es war nicht groß: 300,5 Millionen Rubel. Aber es umfaßt die ganze Ausbeute der Jahre 1914—1917 (zirka 192 Millionen Goldrubel) und außerdem bedeutende Mengen aus der früheren Produktion.

Wenn man die Zahlen abrundet, kann man doch sagen, daß ein kolossaler Goldvorrat von 1300 Millionen Rubel in die Hände der Sowjetregierung fiel. Die Deckung des Papiergeldes betrug zirka 7%.

III.

Der bolschewistische Novemberumsturz bedeutete den Anfang der völligen Zerstörung der russischen Währung. Wenn sich diese Katastrophe nicht ereignet hätte, so wäre der noch weiter im Werte gesunkene Papierrubel mit der Zeit aller Wahrscheinlichkeit nach konsolidiert und auf diese Weise die Goldwährung in Rußland mittels einer sehr scharfen Devalvation wiederhergestellt worden. Das Schicksal hat eine andere geschichtliche Entwicklung gewollt: alle Elemente der Wirtschaft wurden in einen Revolutionsprozeß von außerordentlich hoher Spannung hineingezogen und sind zusammengebrochen. Der bald nach dem Bolschewistenumsturz entflammte und erst im Jahre 1920 (im großen Maßstabe) beendigte Bürgerkrieg hat die Geschwindigkeit der Zersetzung und des Untergangs der Währung bedingt, da die beiden kämpfenden Parteien ihre Haupteinnahmequelle in der Papiergeldausgabe hatten. Infolgedessen ist deren Wert in einem in der Geschichte nie zuvor dagewesenem Umfange gefallen (vgl. das „Kontinentalgeld" in den Vereinigten Staaten oder die „Assignaten" der ersten französischen Revolution): 1923 wurde die Gesamtmenge der Scheine in Billiarden gemessen, und der Wert des Rubels ist um mehr als das Zweihundertmillionenfache gegenüber der früheren Goldeinheit gesunken.

Die erste Folge des Bürgerkrieges war die Zersetzung der Papierwährung: verschiedene „Sorten" der Scheine früherer Muster, die die Sowjetregierung weiter ausgab, wurden nun von der Bevölkerung verschieden bewertet; dann erschienen spezifische „Sowjetscheine" und die Geldscheine der mit den Bolschewiki kämpfenden Regierungen. Ende 1917 und am Anfang des Jahres 1918 hat die Sowjetregierung einigen Staatsanleihen durch eine Reihe von Dekreten den Charakter der gesetzlichen Zahlungsmittel (in unbeschränktem Betrage) verliehen: den kurzfristigen Verpflichtungen des Staatsschatzamtes, die sich im Verkehr befanden (im Betrage von zirka $4^1/_2$ Milliarden Rubel), den Staatskassenscheinen (1 Milliarde Rubel) und denjenigen Obligationen der

Zusammenbruch der russischen Währung; Aussichten auf ihre Wiederherstellung. 43

„Freiheitsanleihe", die auf einen Betrag von nicht über 100 Rubel lauteten (die Zinsenzahlung wurde durch ein Dekret vom Jahre 1917 über die Annulierung der Staatsanleihen aufgehoben). Das Hauptsowjetgeld waren zuerst die im Jahre 1919 ausgegebenen sogenannten „Pjatakowki" (nach der auf ihnen befindlichen Unterschrift des Kommissars Pjatakow), die in Scheinen von 1—10000 Rubel ausgegeben wurden. Die Bevölkerung mußte sich in diesem Papiergeldchaos selbst zurechtfinden: ausnahmslos und überall in den unter der Sowjetherrschaft stehenden Gebieten, in den Territorien der sogenannten „weißen" Regierungen, in den besetzten Gouvernements der „Ukraine" hat sie die „Zarenscheine" am höchsten geschätzt und thesauriert. Ein Kenner des russischen Geldwesens, Feitelberg, teilt folgende Zusammensetzung des russischen Papiergeldsystems am 1. April 1920 mit:

	Millionen Rubel		Prozent
Romanoffscheine	21 796		6,4
Dumascheine (1000 Rubel)	40 356		11,9
„Kerenski" (250, 40, 20 Rubel)	46 768		13,8
Sowjetscheine	221 282	} 230 777	67,9
Sowjetscheidegeldzeichen	9 495		
im Ganzen	339 697		100,0

Bezüglich der Bewertung dieser verschiedenen Geldarten durch die Bevölkerung besitzen wir Nachrichten, daß in den Jahren 1919/1920 für 500- und 100-Rubel-Scheine des „Romanoffschen" Musters 5- bis 10mal so viel Sowjetscheine gegeben wurden.

Außer den allgemeingültigen Arten des Sowjetgeldes wurde von den örtlichen Sowjets infolge des Geldmangels sehr oft eigenes Geld gedruckt, wobei das Druckverfahren nicht selten auf die allerprimitivste Stufe heruntersank, so daß die Autorität des Papiergeldes in den Augen der Bevölkerung endgültig schwand.

Nicht von der Sowjetregierung wurden nach einer ungefähren Berechnung Geldzeichen im Betrage von zirka 220 Milliarden Rubel ausgegeben:

in der Ukraine („Karbowanzy" und „Griwny")	7,5	Milliarden Rubel
von der Nordregierung	0,45	" "
Sibirien (Admiral Koltschak)	11,5	" "
Südrußland („Dongeld" und das Geld der „Freiwilligen Armee")	30,0	" "
Südrußland unter General Wrangel	170,0	" "
im Ganzen	219,7	Milliarden Rubel
oder zirka	220,0	" "

Wenn man bedenkt, daß am Anfang des Jahres 1920 auf dem Sowjetterritorium im ganzen zirka 300 Milliarden Rubel im Umlauf waren, so muß man die Bedeutung der Nichtsowjetausgaben für den Wert des Papiergeldes als nicht unwesentlich bezeichnen.

Die weitere Geschichte des russischen Papiergeldes unter der Sowjetherrschaft zerfällt in zwei Perioden: die Zeit der Versuche der gewaltsamen Einführung des Kommunismus bis zum Frühling 1921, und die Einführung der neuen Wirtschaftspolitik (des sogenannten „Nep"). Während der ersten Periode dachten die Bolschewiki ernsthaft daran, alle Zweige des russischen Wirtschaftslebens zu „kommunisieren", und waren bestrebt, alle alten wirtschaftlichen Institutionen, vor allem das Geld- und Kreditwesen, schonungslos zu vernichten. Die finanzielle Kraft der Sowjetmacht bestand fast ausschließlich in der Aufzehrung der von der „bürgerlichen" Wirtschaft geschaffenen Vorräte, an erster Stelle — des Goldvorrats, der nach der Niederlage des Admirals Koltschak noch zirka 1 Milliarde Goldrubel betrug; dazu kommen sehr bedeutende Werte in Kostbarkeiten verschiedener Art — das Ergebnis der allgemeinen Requisitionen bei Privatpersonen und Instituten. Gleichzeitig wurde den Bauern der ganze „Überfluß" an Getreide und anderen landwirtschaftlichen Erzeugnissen weggenommen (die sogenannte „Lebensmittelumlage"). Laut amtlichen Erklärungen der Finanzkommissare war das Ziel der Finanzpolitik die „Vernichtung des Geldes" gewesen, und die ganze Weisheit der kommunistischen Finanzpolitiker bestand in der Erpressung möglichst großer Vorteile aus dem sterbenden Institut des Geldes für den Augenblick, solange die kommunistische Wirtschaft noch nicht vollkommen organisiert ist und die Bevölkerung noch Bedarf an Zahlungsmitteln hat. Die Steuern wurden, abgesehen von seltenen Ausnahmen, abgeschafft; das Finanzkommissariat wurde zu einer bloßen Buchführungszentrale herabgedrückt. Die Privatbanken wurden nationalisiert und mit der Staatsbank zu einer „Volksbank" vereinigt, einer Einrichtung, die mit Kredit nichts gemein hatte; es war ein Zentralbureau zur Verteilung von Regierungszuschüssen an Staatsbetriebe. Aber auch eine richtige Zentralisation in der Verteilung der Staatsmittel konnte nicht organisiert werden, da jedes von den „Wirtschafts"-kommissariaten einen Teil der alten Vorräte in die Hände nahm und sie ohne Kontrolle verschwendete; vom Finanzkommissariat verlangte es nur eine möglichst große Portion von dem ununterbrochen gedruckten Papiergelde.

Welche Rückwirkung dieses kommunistische System auf die wirtschaftliche Lage Rußlands gehabt hat, kann aus folgenden (kurzen und summarischen, aber eindrucksvollen) Angaben geschlossen werden. Der Wert der Fertig- und Halbfabrikate der rohstofferzeugenden und -verarbeitenden Industrie betrug in Goldrubeln (nach den Preisen der Vorkriegszeit) auf dem Territorium des jetzigen Sowjetrußland:

>   im Jahre 1912. . . . . 6 059,2 Millionen Rubel,
>   „   „ 1920.   835,3   „   „
>   „   „ 1921.   870,0   „   „

Wenn wir die Produktivität des Jahres 1912 gleich 100 setzen, so ergibt sich für das Jahr 1920 die Meßzahl 13,8, für 1921 14,4.

Nicht weniger verderblich war die kommunistische Politik für die Landwirtschaft, die Basis des russischen Wirtschaftslebens. Nach den mißglückten Versuchen des aktiven Widerstandes sind die Bauern zum passiven übergegangen: zur Verkleinerung der Saatfläche, um nur den eigenen Bedarf an landwirtschaftlichen Produkten zu decken, während sie die Städte, die sie infolge des Verfalls der Industrie nicht mehr brauchten, zum Hungertode verurteilten. Der Umfang der Saatfläche auf dem Territorium des jetzigen Sowjetrußlands betrug in Millionen Deßjatinen (1 Deßjatine = 1,1 Hektar):

>   im Jahre 1913 87,4
>   „   „ 1920 62,3
>   „   „ 1921 54,9

Die Produktivität der Landwirtschaft betrug also im Jahre 1921 62,8 % der Vorkriegszeit.

Die Produktivität der anderen Zweige der Volkswirtschaft ist nach der Annahme von Professor S. N. Prokopowitsch bis auf 10 % gesunken.

Wenn wir die Größe des Volkseinkommens auf einen Einwohner beziehen, so erhalten wir die folgende Gegenüberstellung (in Goldrubeln):

>   im Jahre 1913 . . . . 101 Rubel 35 Kopeken = 100,0 %
>   „   „ 1921 38   „   60   „   = 38,1 %

Gleichzeitig wuchs aber die Zahl der Menschen, die vom kommunistischen Staate unterhalten wurden: von 12 Millionen in den

Jahren 1918—1919 auf 35 Millionen Menschen in den Jahren 1920 bis 1921[1].

Und unter solchen Umständen wurden bis dahin in der Geschichte unerhörte Mengen von Papiergeld ausgegeben. Zu seiner Entwertung hat in gleichem Maße der Umfang der Papiergeldausgabe und der völlige Verfall der Wirtschaft beigetragen. Wenn wir das Geld der „weißen" Regierungen außer acht lassen, so erhalten wir folgendes Bild der Papiergeldausgabe der Sowjetregierung (nach den Sowjetquellen „Die Arbeiten des Instituts für wirtschaftliche Forschungen" und die Zeitung „Ekonomitscheskaja Shisnj"):

Ausgegeben in Millionen Rubel:

	1918	1919	1920	1921
am 1. Januar	27 312	61 264	225 016	1 168 598
„ 1. April	33 572	74 833	340 663	1 686 000
„ 1. Juli	43 260	100 319	511 816	2 347 000
„ 1. Oktober	51 021	147 478	745 158	4 534 400

Es darf unter solchen Umständen nicht wundernehmen, daß „das Geld", nach einem Ausdruck von dem Kommissar Krestinsky, „allmählich abstarb". Allerdings starb, wie später ausgeführt wird, nur das Sowjetgeld ab und nicht das Institut des Geldes im allgemeinen.

Es ist unmöglich, den Grad der Entwertung des Papiergeldes in dieser Periode genau zu messen, da das Land in einzelne Wirtschaftsgebiete zerfallen war und die Warengeschäfte (gegen Geld) überwiegend zufälliger Art waren. Trotzdem wollen wir die der Wirklichkeit ziemlich nahe kommenden Berechnungen der kommunistischen Finanzpolitiker anführen: Nach den Berechnungen von Preobrashensky sank der Wert des Rubels zum 1. Januar 1921 im Vergleich zu seinem Vorkriegswert (das heißt zu der Kaufkraft eines Goldrubels) um das 26 539 fache. Im Vergleich zu den einzelnen Waren war der Grad der Entwertung, wie auch zu erwarten war, verschieden: Während der Zeit von 1914 bis zum 1. Juli 1921 ist am stärksten das Salz im Preise gestiegen, um das 714 000 fache, Kartoffeln um das 261 000 fache, Zucker um das 162 214 fache; am wenigsten ist Gold gestiegen, dessen Besitz über eine bestimmte Summe hinaus verboten war, nämlich um das 15 000 fache.

Entsprechend dem allgemeinen Verfall der Wirtschaft verwandelte sich der Rubel in ein wertloses Stück Papier; er hörte auf, die Funktion

---

[1] Die angegebenen Zahlen sind aus dem vorzüglichen Artikel von Prof. S. N. Prokopowitsch in der Zeitschrift „Ekonomitscheskij Westnik", Nr. 1, Berlin 1923, entnommen.

Zusammenbruch der russischen Währung; Aussichten auf ihre Wiederherstellung. 47

des Wertmessers und sogar die des Zahlungsmittels zu erfüllen. Die Sowjetmacht war — um der eigenen Erhaltung willen — gezwungen, auf Experimente zu verzichten und einen Ausweg aus der Katastrophe zu suchen. Er wurde in dem „Nep" gefunden.

IV.

Das Wesen des neuen Kurses wird von einem einflußreichen Sowjetpolitiker folgendermaßen definiert: „Wir mußten das System der wirtschaftlichen Organisation umbauen und auf einen Kompromiß mit den kleinen Besitzern eingehen, dem Wesen nach (nicht politisch, sondern ökonomisch) die wirtschaftliche Bedeutung des Kleinbesitzers, des kleinen Wirtschafters, des kleinen Produzenten auf dem Lande und auch in der Stadt anerkennen... Diese Anerkennung bedeutet, daß bei uns im Lande neben einer vergesellschafteten Produktion, neben demjenigen Teil der Verteilung, welcher gesellschaftlich organisiert ist, die kleine Privatwirtschaft existiert, existieren muß und von uns nicht vernichtet werden kann. Und soweit sich diese kleine Privatwirtschaft erhalten wird, wird sie aus sich heraus auch den größeren Privatbesitz herauskristallisieren, wird den größeren Händler, den größeren Unternehmer aussondern. Ein solches ökonomisches System bedeutet die Anerkennung des Marktes, die Anerkennung der Tatsache, daß Produktion und Verteilung nicht voll von dem staatlichen Apparat beherrscht werden... Es bedeutet die Anerkennung der Tatsache, daß neben dem staatlichen Apparat auch ein anderer Apparat der elementarischen Verteilung und elementarischen Produktion besteht. Aber dieser Apparat der elementarsten Verteilung und Produktion bedarf, um funktionieren zu können, des Geldes, bedarf des Tauschverkehrs; er setzt einen intensiven Warenumsatz voraus[1]."

Der „Nep" ist also eine teilweise Kapitulation des Kommunismus von der individualistischen Wirtschaftsordnung. Er sollte den noch lebendigen Produktivkräften der Wirtschaft die Möglichkeit geben, sich etwas zu heben; aber als eine halbe Maßnahme kann er die russische Wirtschaft aus der Sackgasse nicht herausführen. Von der Sowjetmacht werden immer neue und neue Zugeständnisse gefordert; sonst wird der Widerspruch zwischen der auflebenden privaten und den Überresten der „vergesellschaftlichten" Wirtschaft immer wieder katastrophale Kombinationen schaffen.

---
[1] Zitiert nach den „Aufgaben der Finanzpolitik" von Ssokolnikow (Finanzkommissar), S. 7. Moskau 1922.

Der „Nep" mußte seine Wirkung auf alle Gebiete der Volkswirtschaft und insbesondere auf die Finanzen ausüben. Die Bauern wurden, wenn auch nicht als Privateigentümer, so doch als Privatbesitzer des vom Staate gepachteten Grund und Bodens anerkannt. Außer der Schwerindustrie und dem Transportgewerbe werden alle anderen Industriezweige nach Möglichkeit „auf kaufmännische Grundlagen" gestellt, das heißt sie bekommen keine Regierungszuschüsse mehr, sondern müssen vom Erlös aus dem Verkauf ihrer Erzeugnisse leben. Die Stärkung des Anlage- und des Betriebskapitals sollte nun auf dem Wege einer gewöhnlichen Kreditaufnahme erfolgen, weswegen die Wiederherstellung der Kreditinstitute nötig wurde. Die Zahl der von der Regierung unterhaltenen Personen wird plötzlich stark reduziert. Intensiv wird ein neues Steuersystem ausgearbeitet, das im Grunde eine schlechte Nachahmung der alten Steuern darstellt. Statt der „Lebensmittelumlage" wird von den Bauern eine „Lebensmittelsteuer" erhoben, das heißt eine nach besonders festgesetzten Normen zu berechnende Abgabe von Getreide und anderen landwirtschaftlichen Erzeugnissen; über den „Überfluß" können die Bauern frei verfügen, da der private Handel wieder gestattet wird. Das Finanzressort nimmt wieder die führende Stellung ein und gibt die Losung zur „Stabilisierung" des Papierrubels, dessen traurige Lage wir bereits geschildert haben. Schon während der Periode der kommunistischen Experimente haben sich die Bolschewiki mit dem Gedanken getragen, die alte Geldeinheit, die fast jeden Wert eingebüßt hatte, durch eine neue zu ersetzen. Wie es einer „sozialistischen Psychologie" entspricht, war dieser Gedanke vor allen Dingen auf das „Arbeitsgeld" gerichtet, eine Idee, die in der sozialistischen Literatur öfters zum Ausdruck gebracht und in einzelnen Fällen erfolglos praktisch versucht wurde (Rodbertus, Owen, Proudhon). Die utopische Konzeption der Arbeitsgeldeinheit („Tred")[1] war in Sowjetrußland zum Gegenstande der Beratungen einer besonderen Kommission geworden. Der Versuch der Durchführung der diesbezüglichen Projekte ist gescheitert, hauptsächlich dank des Protestes der Sowjetbuchhalter, die es kategorisch abgelehnt haben, eine solche Geldeinheit in die Buchhaltung einzuführen. Dann tauchte der Gedanke auf, irgendwelche durch Waren gedeckte Geldsurrogate, zum Beispiel die Verrechnungsscheine der Genossenschaften, als Geld zu benutzen; aber

---

[1] Dieser Name wurde aus den zwei ersten Buchstaben der Worte: „trudowaja ediniza" = Arbeitseinheit gebildet. (Anmerkung des Übersetzers.)

Zusammenbruch der russischen Währung; Aussichten auf ihre Wiederherstellung. 49

dieser Plan wurde nicht zur Durchführung gebracht. Da aber jede Rechnung mit dem unaufhörlich fallenden Rubel gänzlich unmöglich geworden war, so hat man beschlossen, (im Prinzip) zur Goldrechnung überzugehen. Es kam der „Vorkriegs"=, der „Warenrubel". Das Wesen dieser Kombination besteht in folgendem: man nimmt die durchschnittliche Kaufkraft des (Gold=) Rubels vor dem Kriege gegenüber verschiedenen Waren, das heißt es werden die Preise der letzteren genommen; ihr Verhältnis zu den Preisen im Sowjetgelde zeigt den Grad der Geldentwertung für den gegebenen Augenblick. Was die Indizes betrifft, so wurden diese von verschiedenen Behörden berechnet, von der „staatlichen allgemeinplanenden Kommission" („Gosplan"), der höchsten Zwischenressortbehörde der Republik, und von einem besonderen Konjunktureninstitut des Finanzkommissariats. Wenn man selbst die Idee der Goldrechnung als zweckmäßig anerkennt, so hat ihre Anwendung in der Praxis, infolge des Fehlens einer richtigen „Marktkonjunktur" in Rußland, eine sehr unsichere Grundlage bekommen. Allmählich kamen zu der fiktiven Rechnungseinheit — Goldrubel — einige andere hinzu: der „Goldrubel" der besonderen Kotierungskommission, der „Zollrubel", der „Eisenbahnrubel" und einige andere.

Wie dem auch sei, in „Vorkriegsrubeln" wurde das Staatsbudget für 9 Monate des Jahres 1922 aufgestellt. Eine Zeitlang machte sich das Bestreben geltend, den Vorkriegsrubel in einer Art sozusagen „garantierter", gegen Sowjetgeld nach dem Tageskurse umwechselbarer Geldeinheiten zu „materialisieren".

Jedenfalls ist die Umkehr zum Golde, wenn auch nur als zu einer Rechnungsbasis, sehr bezeichnend: die Frage der Währungsreform wurde aufgestellt, das „bürgerliche" Institut des Geldes wieder verherrlicht. Die Resolution des elften Sowjetkongresses über die Finanzen und das Budget (Dezember 1921) lautet: „Infolge der unumgänglichen Notwendigkeit, für die praktische Durchführung der neuen ökonomischen Politik auch deren untrennbaren Bestandteil, die Finanzpolitik mit ihr in Einklang zu bringen, und dank dem Umstand, daß nun das Problem des allmählichen Übergangs zur stabilen Währung, welche sowohl für den Handelsumsatz der kleinen Wirtschaften als auch für die Durchführung der wirtschaftlichen Rechnung in den Staatsbetrieben absolut unentbehrlich ist, auf der Tagesordnung steht, bestätigt der Kongreß... den Beschluß des Rates der Volkskommissare, als erste entscheidende

Maßnahme zur Besserung des Rubelkurses die Ausgabe des Papiergeldes im Jahre 1922 zu beschränken." Wie aus den weiteren Darlegungen ersichtlich wird, fand in Wirklichkeit keine Verringerung der Papiergeldausgabe statt, — im Gegenteil, der „Nep" forderte in der ersten Zeit gewaltige neue Ausgaben; eine gewisse Enthaltsamkeit trat später in Erscheinung (im Jahre 1923); aber der „bürgerliche" Kurs war offiziell festgelegt.

Die Lösung des Problems der stabilen Währung setzt bekanntlich die Herstellung des finanziellen und des volkswirtschaftlichen Gleichgewichts voraus; mit anderen Worten ist das Wiederaufleben der Volkswirtschaft die Voraussetzung. Ohne die Bilanzierung des Budgets ist für die Regierung die Benutzung der Notenpresse zur Deckung des Defizits und damit die unaufhörliche Geldentwertung, unvermeidlich. Keine dieser Vorbedingungen war aber in Rußland erfüllt, und deshalb führten die Bemühungen, den Rubelkurs zu festigen, zu keinem positiven Ergebnis. Die Zahlen sprechen hier deutlicher als Worte (die Geldmenge ist in alten Sowjetrubeln ausgedrückt):

	1922			
am 1. Januar	17,5 Billionen	am 1. März	3 236,6 Billionen
„ 1. April	125,0 „	„ 1. April	4 482,7 „
„ 1. Juli	470,0 „	„ 1. Mai	6 076,8 „
„ 1. Oktober	1181,0 „	„ 1. August	12 400,0 „
	1923			
am 1. Januar	1 994,5 Billionen	„ 1. September	16 684,0 „
„ 1. Februar	2 629,2 „	„ 1. Oktober	22 701,0 „

Eine andauernde, von einigen Unterbrechungen abgesehen, im allgemeinen rapide Geldentwertung begleitete diese Papierflut. Wenn die Indexzahlen am 1. September 1922 zirka 5,6 Millionen zeigten, so stiegen sie am 1. Mai 1923 auf 44,64 Millionen, am 1. Juni auf 62,9 Millionen, am 1. August auf etwa 140 und am 1. Oktober 1923 auf etwa 550 Millionen. Außerordentlich charakteristisch sind die Änderungen des Realwertes (in Gold) der gesamten Menge des ausgegebenen Papiergeldes. Wir sind natürlich genötigt, bei der Berechnung den von der besonderen Kotierungskommission veröffentlichten amtlichen Kurs des Goldrubels zu benutzen, trotzdem er wissentlich niedriger war als derjenige, der sich im freien Verkehr bildete; aber der Charakter der Bewegung bleibt derselbe.

Zusammenbruch der russischen Währung; Aussichten auf ihre Wiederherstellung. 51

			Geldmenge		Wert in Goldrubeln	
Am 1. Januar 1918			27,9	Milliarden	1 177,0	Millionen
" 1. " 1919			61,2	"	266,0	"
" 1. " 1920			225,0	"	65—71,0	"
" 1. " 1921			1 168,6	"	44,0	"
" 1. " 1922			17,0	Billionen	103,0	"
" 1. " 1923			1 994,5	"	zirka 100,0	"
" 1. August 1923			12 400,0	"	81,4	"
" 1. September 1923			16 684,0	"	60,6	"
" 1. Oktober 1923			22 701,0	"	41,3	"

Man sieht, der Wert der Gesamtmenge der Sowjetgeldzeichen sinkt unaufhaltsam.

Infolge der äußersten Geldentwertung und des natürlichen Absterbens der kleinen Scheine hat die Sowjetregierung zweimal die Geldzeichen „denominiert": im Jahre 1921 (am 3. November) wurden die „Geldzeichen des Jahres 1922" ausgegeben, bei denen 1 Rubel = 10 000 Rubel früherer Ausgabe, und im Jahre 1922 (Dekret vom 24. Oktober 1922) die „Geldzeichen 1923", bei denen 1 Rubel = 100 Rubel 1922 = 1 Million Rubel alter Ausgabe war. Es wurde zwar verordnet, die Rechnung in den neuen Rubeln zu führen, aber die Regierung war vorsichtig genug, die alten Zeichen nicht sofort zu annulieren. Naturgemäß haben diese Denominationen keine Wesensänderung zur Folge gehabt, und soweit die Bevölkerung die Sowjetzeichen benutzt, rechnet sie vorzugsweise in den alten Rubeln, indem sie sich die auf den neuen Scheinen fehlenden Nullen hinzudenkt. Das Leben zeigt deutlich, daß man durch das Streichen der Nullen niemanden betrügen kann, so daß die genannten Reformen nur einen rechnerischen Charakter tragen, indem sie die Buchführung erleichtern. Die Frage nach dem Schicksal des „Sowjetpapiergeldes" ist scheinbar selbst von der Sowjetregierung im Sinne dessen „Absterbens" entschieden — sie sucht nach einem anderen Gelde; dabei sollen die Sowjetrubel noch eine Zeitlang die Rolle des Scheidegeldes spielen.

Diese Denominationen haben allerdings außer dem rechnerischen Zweck auch einen anderen — den „der Vereinheitlichung des Geldumlaufs". Dieser Zweck war unter anderem deutlich in der Verordnung des Rates der Volkskommissare vom 1. Oktober 1922 zum Ausdruck gebracht, die von den Einziehungsfristen des alten Geldes und von dessen Umtausch gegen neues handelt. Die Verordnung fängt mit den Worten an: „Um den Geldumlauf einheitlich zu gestalten und um

4*

die gegenwärtigen Abrechnungen zwischen den Behörden zu vereinfachen..."

Denselben Zweck verfolgt das Dekret vom 8. September 1922, das den Staatskassen verbietet, alle Geldzeichen, die vor dem Jahre 1922 ausgegeben wurden, — also unter anderem das Zarengeld, das Geld der provisorischen Regierung, die Staatskassenscheine, die Verpflichtungen des Staatsschatzamtes, die Kupons der Wertpapiere und die kleinen Obligationen der Freiheitsanleihe —, in den Umlauf zu bringen.

Man muß anerkennen, daß die Denominationen eine gewisse Ordnung in das Papiergeldchaos gebracht haben; eine solche Maßnahme könnte als zweckmäßig bezeichnet werden, wenn die zu reformierende Papierwährung lebensfähig gewesen wäre und als Basis für eine Reform hätte dienen können.

V.

Die Sowjetregierung hat sich die „Orientierung auf Gold" zu eigen gemacht, um beim Eintritt günstiger finanzieller und allgemeinwirtschaftlicher Bedingungen die Goldwährung (nicht die faktische Goldzirkulation) wiederherzustellen. Das Geldzeichen, das offenbar die neue stabile, mit der Goldreserve verbundene Geldeinheit bilden soll, ist die Banknote der wieder eingesetzten Staatsbank. Bevor wir aber die Bemühungen der Sowjetregierung zur Wiedereinführung des Kreditgeldsurrogats verfolgen, müssen wir auf die „Errungenschaften" auf dem Gebiete der Staatsfinanzen im allgemeinen einen Blick werfen. Der erste Voranschlag des Staatsbudgets für das Jahr 1922, der auf dem elften Sowjetkongreß im Dezember 1921 angenommen wurde, erwies sich als fast humoristisch (auf 1800 Millionen „Vorkriegsrubel" des Budgets kam — statt des veranschlagten Defizits von 300 Millionen Rubel — ein Defizit von fast einer Milliarde); er mußte durch ein „Orientierungsbudget" — von 1132 Millionen Rubel — ersetzt werden; gedeckt wurden aber die Ausgaben nur im Betrage von 504 Millionen Rubel, wobei die Steuern und die Einnahmen der Kommissariate 270 Millionen Rubel eingebracht haben; der Rest von 234 Millionen wurde durch Papiergeldausgabe gedeckt. Was den Import betrifft, so betrug er (außer den Wohltätigkeitssendungen an die hungernde Bevölkerung) 267 Millionen Rubel; durch den Export wurden bloß 53 Millionen Rubel gedeckt, so daß 214 Millionen der Goldreserve und dem Fonds der konfiszierten Kostbarkeiten entnommen wurde. Eigentlich war die einzige „normale" Einnahme des Sowjetfiskus im Budget des Jahres 1922 die „Lebensmittelsteuer"; mit anderen Worten beruht die „Diktatur des Proletariats" auf der wirtschaftlichen Kraft der durch die kommunistischen Experimente auf ganze Jahrhunderte zurückgeworfenen Bauernschaft. Im Bestreben, die Ausgaben irgendwie den Einnahmen anzupassen, haben die Kommunisten den staatlichen Apparat weiter reduziert (am Anfang des Winters 1922 wurden höchstens noch 3 Millionen Menschen — einschließlich des Heeres — vom Staate ernährt); eine ganze Reihe von Ausgaben wurde auf die Ortsverwaltungen übertragen, die Bildung der Ortsbudgets wurde gefördert (was zur Folge hatte, daß manche kulturellen Bedürfnisse, wie zum Beispiel die Volksbildung, fast völlig unbefriedigt blieben); infolge der Unmöglichkeit, Hunderte von Millionen für die Unterstützung der staatlichen Industrie auszugeben, schrumpfte diese immer mehr zusammen. Der ungeheure Steuerdruck, der die Einnahmen nach der Aussage des Finanzkommissars für Dezember auf 15 Millionen Rubel — ohne die Naturalsteuer — (mit dieser auf 40) gebracht hat, fing offenbar an, das allmählich erwachende Wirtschaftsleben zu paralysieren. Selbst das Finanzkommissariat hält die im Steuerwesen erreichten Erfolge für die äußersten, die bei den gegenwärtigen wirtschaftlichen Verhältnissen möglich sind. In den „Thesen" zum Budget für 1922/1923 lesen wir: „Wenn man die Verminderung der Bevölkerung und den scharfen Rückgang auf allen Gebieten der Volkswirtschaft in Betracht zieht, so darf man nicht bezweifeln, daß der heute für Staatszwecke beanspruchte Teil des Volkseinkommens schon an der Grenze des Erreichbaren steht."

Wenn dank der Einführung und sehr strengen Einziehung der Steuern die Papiergeldausgabe zur Deckung des Defizits verringert werden konnte (nach Sowjetangaben bildete die Papiergeldausgabe im Januar 1923 statt der früheren 80—90%, 33% der Staatseinnahmen, und es bestand Aussicht auf ihre weitere Reduktion), so bildete sie doch auch weiterhin eine wichtige Einnahmequelle, und die fortgesetzte Geldentwertung führte zur proportionellen Verringerung der Einnahmen aus den Steuern. Außerdem darf man bei der Analyse der Sowjetangaben niemals die Eigentümlichkeit der finanziell-ökonomischen Bedingungen des heutigen Rußland vergessen: ein gewaltiger Teil der

Steuereingänge sowie der Einnahmen der „wirtschaftlichen" Ressorts ist kein „neues" Geld für den Fiskus, weil es von den Staatsbetrieben kommt, und nur dadurch von diesen aufgebracht werden kann, daß der Staat immer neue Mengen von Papiergeld ausgibt. „Neues" Geld bilden nur diejenigen Einnahmen, welche von der privaten Wirtschaft stammen, also vor allen Dingen und fast ausschließlich von der Bauernschaft. Diese Umstände nehmen dem Beschluß der Sowjetregierung, die Papiergeldausgabe mit einem Betrage von 30 Millionen Goldrubel, und ab 1. August 1923 mit 15 Millionen Rubel monatlich (nach dem Kurse des ersten Monatstages) zu kontingentieren (mit dem Recht, den nicht ausgenutzten Teil auf folgende Monate zu übertragen), fast jede Bedeutung[1]. Nachdem die Sowjetregierung den öffentlichen Kredit durch das Dekret über die Annulierung der Staatsschulden zerstört hat, macht sie nun verzweifelte Anstrengungen zu seiner Wiederherstellung: Am 20. Mai 1922 emittierte sie die erste kurzfristige Getreideanleihe im Betrage von 10 Millionen Pud Getreide, rückzahlbar in natura oder in Geld, eine Anleihe, welche eigentlich den Charakter der Antizipation der „Lebensmittelsteuer" trägt; im Jahre 1923 schreitet sie zur Ausgabe einer Prämienanleihe von 100 Millionen Goldrubel (die Anleihenobligationen lauten auf 5 und 25 Goldrubel), von der bis zum Mai nur zirka 20 Millionen Rubel untergebracht werden konnten[2]; auch wird im selben Jahre die zweite Getreideanleihe im Betrage von 60 Millionen Pud Roggen ausgegeben, die am 1. März 1924 zurückgezahlt werden soll. Auch sind sogenannte „Zahlungsverpflichtungen der Zentralkasse des Finanzkommissariats" — in der Art wie die früheren „kurzfristigen Verpflichtungen des Staatsschatzamtes" — ausgegeben worden; sie lauten auf „Goldwährung"; zum 1. Oktober

---

[1] Das Dekret über die Einschränkung der Papiergeldausgabe wurde aber im September 1923 übertreten: Infolge der großen Menge der in Umlauf gekommenen Tscherwonesnoten, welche größtenteils auf hohe Beträge lauteten, trat ein gewaltiger Kleingeldmangel ein, und die Sowjetregierung hat dem Finanzkommissariat gestattet, eine zusätzliche Menge von Geldzeichen im Betrage von 50 Millionen Goldrubel auszugeben. Infolgedessen erreichte die Menge der Sowjetgeldzeichen zum 1. November 50,6 Billiarden Rubel (nach der alten Rechnungsweise), hat sich also im Laufe von einem Monat mehr als verdoppelt.

[2] Infolge des Mißerfolges der Anleihe ist die Sowjetregierung neuerdings zu ihrer zwangsweisen Unterbringung geschritten. (Sogar die Arbeiterschaft wurde gezwungen, die Anleihe zu zeichnen, worauf man in der letzten Zeit verzichtet hat.)

waren für 23,9 Millionen „Gold"rubel solcher Zahlungsverpflichtungen im Umlauf. Sie dienen hauptsächlich im gegenseitigen Verkehr zwischen den Sowjetbetrieben und Behörden als Zahlungsmittel. Dasselbe gilt von den „Transportzertifikaten", die auf 5 Rubel und kleinere Beträge lauten. Endlich ist die Zuckeranleihe (auf 1 Million Pud) zu erwähnen.

Aber vergebens! Durch alle diese Maßnahmen kann das Ziel nicht erreicht werden; zur Wiederherstellung des finanziellen Gleichgewichts muß die Volkswirtschaft endgültig von den Fesseln befreit werden: das System der Industrie-Nationalisierung muß aufgegeben werden; denn dieses System bringt dem Fiskus nicht nur nichts ein, sondern verlangt von ihm alljährlich Zuschüsse und Kredite bis zu 300 Millionen Goldrubel. Infolge der außerordentlich niedrigen Produktivität der Arbeit können die Industrieerzeugnisse keinen Absatz auf dem verarmten inneren Markt finden, und die Industrie kann nur leben, indem sie ihr Anlage- und Betriebskapital aufzehrt und von der Substanz der Bauernwirtschaft (in Gestalt der Regierungsdotationen) ernährt wird.

Die Kläglichkeit oder richtiger Aussichtslosigkeit der Lage der Staats- und Ortsfinanzen wurde in den Sitzungen der verschiedenen Sowjetbehörden, auf den Kongressen (unter anderem auf dem letzten [zwölften] Kongreß der Kommunistischen Partei) und in der Sowjetliteratur kraß dargestellt. Bei den von den Ressorts für das Budgetjahr 1922—1923 angegebenen Ausgaben von über 2 Milliarden Rubel kann das Finanzkommissariat auf Einnahmen im Gesamtbetrage von höchstens einer Milliarde rechnen: daher seine Forderung der weiteren Reduktion des Staatsapparats und der produktiven Ausnutzung des Staatseigentums. Daher auch die unaufhörlichen Versuche, um jeden Preis, außer dem des Machtverlustes, Darlehen vom „europäischen Kapitalismus" zu bekommen. Aber alle Budgetberechnungen der Sowjetregierung tragen einen abstrakten, rein bureaukratischen Charakter (nicht umsonst wird das Budget „Orientierungsbudget" genannt). Der Anschaulichkeit halber führen wir die Budgetentwürfe für das Jahr 1922/23 (Oktober bis September) an nach den Forderungen der Ressorts und nach den Plänen der Budgetkommission des Finanzkommissariats (in Warenrubeln, nach dem Index des „Gosplan"):

	Ressorts	Butgetkommission
Einnahmen	1 049 992 315	993 020 245
Ausgaben	2 202 408 228	1 333 687 449
Defizit	1 152 435 883	340 667 204

Natürlich steht die erste Ausgabenberechnung den tatsächlichen Bedürfnissen bedeutend näher, denn es gibt schließlich für die Staatsausgaben ein gewisses Minimum, unter welchem die Staatsgewalt oder diejenigen, die eine solche darzustellen glauben, aufhört, eine solche zu sein, indem sie die Elementarbedürfnisse des Staates nicht befriedigen kann. Aber trotz allen Berechnungen kann die Sowjetregierung infolge des Fehlens einer wirtschaftlichen Basis das Budget nicht einhalten. In der Tat erweist es sich nach den vorläufigen Angaben über die Erfüllung des Etats („Westnik, Finansow", 1923, Nr. 44), daß dem von der Budgetkommission des Rates der Volkskommissare bestätigten Ausgabenetat von 1569 Millionen „Gold"rubel, Einnahmen aus Steuern und anderen Quellen im Betrage von nur 960 Millionen Rubel gegenüberstehen. Wenn man diesen Einnahmen noch die „Einnahme" aus der Papiergeldemission hinzufügt, die von der Sowjetregierung unrichtigerweise auf 416 Millionen Rubel bemessen wird, so stehen der Sowjetregierung zur Erfüllung des Etats insgesamt nicht mehr als 1376 Millionen Rubel zur Verfügung. Offenbar wird ein Teil der den Ressorts eröffneten Kredite einfach nicht eingehalten werden. Dabei muß noch ein Umstand berücksichtigt werden, der zahlreiche Klagen seitens der Sowjetbehörden hervorruft: bei der Auszahlung werden die Beträge in Sowjetzeichen nach dem schon veralteten Kurse berechnet, wodurch sie durchschnittlich mindestens um ein Fünftel verkleinert werden. Neben der offenen besteht also auch eine versteckte Nichterfüllung des Etats. Aber das scheint die Sowjetregierung nicht so sehr zu beunruhigen, wenn nur die Mittel zur Unterhaltung des Zwangsapparats reichen (sie ist zum Beispiel nicht so sehr um die Unterhaltung der „Roten Armee" wie um die der „Truppen für besondere Zwecke" besorgt). Dafür aber ist sie sehr um den chronischen Mangel an ausländischen Devisen besorgt, welche sie zur Verwirklichung der „Weltrevolution" dringend braucht: daher das Streben, möglichst viel Getreide zu exportieren (aus dem hungernden Rußland!). Aber unabhängig von dem kläglichen Zustand des Verkehrswesens und der Häfen, kann man von der Bauernschaft nicht viel Getreide bekommen, wenn man ihr dafür nicht die nötigen Industrieerzeugnisse anbietet; wenn diese Bedingung aber erfüllt wird, kann der bolschewistische Fiskus dabei nicht viel gewinnen.

Wenn die neue Wirtschaftspolitik dazu geführt hat, daß die Bauern erleichtert aufatmeten und auch Neigung zum wirtschaftlichen Fortschritt zeigten, so strebt die Sowjetregierung danach, diesen Fortschritt unverzüglich zu ihrem Vorteil auszunutzen, und erstickt dadurch die Keime des neuen Lebens. Wenn durch das „Zusammenschrumpfen" vieler Industrien hier und da eher in den einzelnen Betrieben als in den ganzen Produktionszweigen eine gewisse Steigerung der Produktivität (in manchen Fällen bis auf 25% der Vorkriegsproduktion) erreicht wurde, so hat der „Nep" im allgemeinen die Kommunisten vor das Dilemma gestellt: entweder die Industrie zu denationalisieren, um sie vor dem Untergang zu retten, oder, an alten Grundsätzen festhaltend, das Land zum weiteren wirtschaftlichen Verfall zu verurteilen.

In den dargelegten Umständen liegt der Hauptgrund für die Unfähigkeit der Sowjetregierung, ihre Währung zu bessern. Das Schicksal des „Sowjetpapiergeldes" hat das sehr deutlich gezeigt; man kann sagen, daß dieses Geld bereits aus dem Umlauf ausgestoßen wird. Aber ohne eine durchgreifende Änderung der allgemeinen sozialökonomischen Bedingungen wird dasselbe Schicksal unvermeidlich alle währungspolitischen Maßnahmen treffen, wie zweckmäßig sie auf den ersten Blick auch scheinen mögen. Mit dieser Bemerkung kommen wir zur Darstellung der letzten Bemühungen der Sowjetregierung zur Schaffung einer neuen festeren Geldeinheit in Gestalt des Papiertscherwonez — einer Banknote der Staatsbank. Bei diesem Versuch waren die Kommunisten bestrebt, die natürlichen Tendenzen aufzufangen, die unter dem „Nep" im russischen Wirtschaftsleben besonders stark in Erscheinung traten: wir meinen das Bestreben der Volkswirtschaft, zur Goldwährung zurückzukehren.

VI.

Die „neue Wirtschaftspolitik", die den Übergang vieler industrieller Betriebe „zu kaufmännischen Grundlagen", das heißt zur Kostendeckung aus eigenen Mitteln zur Folge hatte und dem privaten Handel einige Aussichten eröffnete, hat die Sowjetregierung vor die Frage gestellt, auf welche Weise nach dem Wegfall der budgetmäßigen Zuschüsse die unter neue Bedingungen gestellte staatliche und private Industrie und der Handel finanziert werden sollen. Die Antwort konnte nur lauten: durch die Wiederherstellung des Kredits. Und auf diesem besonders subtilen Gebiet der Volkswirtschaft versucht die Sowjetregierung die kapitalistische Technik mit dem „sozialistischen" Inhalt zu vereinigen[1].

Am 13. Oktober 1921 wurde das Statut der neuen „Staatsbank" angenommen, das mit einigen Änderungen eine Wiederholung des alten Statuts ist. Im § 1 heißt es: „Die Staatsbank der R.S.F.S.R. wird gegründet, um durch Kredit und sonstige Bankgeschäfte die Entwicklung der Industrie, der Landwirtschaft und des Warenumsatzes zu fördern, ferner um die Geldumsätze zu konzentrieren und andere Maßnahmen durchzuführen, die die Herbeiführung eines geordneten Geldverkehrs bezwecken."

Für den Anfang wurde der Staatsbank ein Kapital von 2000 Milliarden Rubel gegeben, das aber infolge der Unmöglichkeit, fremdes Geld hereinzubekommen, und infolge der andauernden Geldentwertung mehrmals erhöht werden mußte, bis es den Betrag von 13 500 Milliarden erreichte. In der ersten Zeit, solange die „festen" laufenden Rechnungen noch nicht gestattet waren (mit der Auszahlung nach dem

---

[1] Zu allererst mußten alle Verbote und Beschränkungen bezüglich des Besitzes und des Verfügungsrechts über Sowjetgeldzeichen aufgehoben werden. Das geschah durch das folgende Dekret vom 30. Juni 1921:

„Im Bestreben, die den wirtschaftlichen Kreislauf hemmenden Einschränkungen zu beheben und den Geldumlauf durch die Entwicklung des Depositen- und Überweisungsverkehrs zur Gesundung zu bringen, verordnet der Rat der Volkskommissare unter Aufhebung früher erlassener Verordnungen:

1. Alle Beschränkungen hinsichtlich der Beträge der in der R.S.F.S.R. umlaufenden Geldzeichen, soweit sie sich in den Händen von Privatpersonen und Organisationen befinden dürfen, werden aufgehoben.

2. Alle von Privatpersonen und von Organisationen auf Depositen und auf laufende Rechnung sowie zwecks Überweisung oder Verrechnung in die Institute des Volkskommissariats für Finanzen und auch in die genossenschaftlichen Kassen eingezahlten Summen können nur auf Grund einer Verfügung von Organen, denen dieses Recht gerichtlich zusteht, konfisziert werden.

3. Alle auf Depositen und laufende Rechnungen sowie zwecks Überweisung und Verrechnung in Geldzeichen eingezahlten Beträge müssen den Eigentümern auf ihr Verlangen sofort und ohne Einschränkungen ebenfalls in baren Geldzeichen ausgezahlt werden.

4. Auskünfte über den Stand der laufenden Rechnungen und Depositen sowie über Überweisungen werden nur den Inhabern oder den Gerichts- und Untersuchungsorganen erteilt.

5. Amtspersonen, welche sich einer Übertretung dieser Verordnung schuldig machen, haben sich vor Gericht zu verantworten.

Tageskurse), konnte von Depositen, abgesehen von den Mitteln des Finanzkommissariats, überhaupt keine Rede sein. Aber die Leiter der Staatsbank machten sich sehr energisch an die Arbeit und suchten mit allen Mitteln die neue Einrichtung zu festigen (so durch sehr hohe Zinsen, die den Einleger gegen die Entwertung der Darlehen sicherten); unter anderem suchten sie den Hauptzweck der Bank — die Darlehensgewährung an die Industrieunternehmungen — zu umgehen und Darlehen gegen Waren zu gewähren. Die Unzufriedenheit der „wirtschaftlichen" Kommissariate mit der Politik der Staatsbank hat die Gründung der „Industriebank" zur Folge gehabt (mit einem in Goldrubel berechneten Grundkapital), deren Tätigkeit im Wirtschaftsleben Sowjetrußlands natürlich keinen Boden hat. Durch eine Reihe von Dekreten wurde die Gründung von Kreditgenossenschaften und ihrer Verbände wie auch von „Aktien"kommerzbanken mit mehr oder weniger bedeutender Beteiligung des Staates gestattet. Das Dekret vom 26. Dezember 1922 hat die Gründung der staatlichen Sparkassen verordnet. Es ist ganz offensichtlich, daß ohne die Wiederherstellung des Privateigentums und ohne Anerkennung der privaten Initiative die Kreditinstitute keine reale Bedeutung für die Volkswirtschaft erlangen können und bestenfalls Spekulationsasyle (die „Kommerz"bank) oder Vermittlungsbureaus zur Beschaffung von Waren (die „Poko-Bank" = Konsumgenossenschaftsbank) bilden.

Die statistischen Angaben scheinen ein Aufblühen des Kreditgeschäfts in Rußland anzuzeigen. In der Tat stiegen die Bilanzsummen der Staatsbank und der anderen Banken wie folgt („Westnik Finansow" [„Der Finanzbote"], 1923, Nr. 44):

	am 1. Januar 1923	am 1. Juli 1923	am 1. September 1923
	in Millionen Tschermonezrubeln („Goldrubeln")		
Bilanzsumme der Staatsbank	123,3	503,5	732,5
„ der übrigen Banken	10,3	131,2	187,8
Gesamtbilanzsumme	133,6	634,7	920,3

Aber der überwiegende Teil der Geschäfte wird mit den Staatsbetrieben gemacht: fast alle Depositen sind Einlagen der Staatsbetriebe und Behörden und 75% der Darlehen werden der staatlichen Industrie gewährt. Die private Kundschaft hat von allen Kreditinstituten im Laufe eines Jahres nicht mehr als 40 Millionen Rubel bekommen. Nach den Mitteilungen eines besonderen Ausschusses des obersten

Volkswirtschaftsrates belief sich das Privatkapital im Kreditsystem Sowjetrußlands am 1. September 1923 insgesamt auf 35,5 Millionen Rubel, machte also 3,8% der Gesamtbilanzsumme aus. Es ist deshalb nicht zu verwundern, wenn ernste Sowjetökonomisten zugeben, daß das Privatbankwesen sich in Rußland noch im Embryonalzustande befindet.

Auf der Konferenz von Haag haben die Vertreter der Sowjetregierung deren Bestreben, eine stabile Währung zu schaffen, und unter anderem das Projekt eines neuen Geldzeichens in Gestalt der Staatsbanknote kundgegeben. In der Tat wurde der Staatsbank durch das Dekret vom 11. Oktober 1922 das Notenausgaberecht verliehen. Es wurde eine besondere „Emissionsabteilung" der Bank geschaffen. Die Bank gibt nun für ihre Geschäftszwecke Banknoten heraus, auf die neue Geldeinheit — den „Tscherwonez" (gleich 10 Goldrubel) — lautend. Die ausgegebenen Banknoten müssen zu 25% durch Edelmetall (zugelassen sind folglich nicht nur Gold, sondern auch Silber und Platin) und durch ausländische, zum Goldwert in festem Verhältnis stehende Valuten gedeckt werden; die übrigen 75% werden durch Waren und verschiedene leicht realisierbare Werte gedeckt. Bei der Darlehensgewährung in Banknoten seitens der Bank an das Staatsschatzamt (Artikel 3) sollen 50% der Darlehenssumme durch Edelmetalle (oder durch feste Valuten) und 50% durch kurzfristige Verpflichtungen des Staatsschatzamtes gedeckt werden. Die Staatsbank veröffentlicht zweimal im Monat die Bilanz der Emissionsabteilung. Die kleinste Banknote wurde auf einen Tscherwonez festgesetzt. Die Tscherwonzen sind „nach dem Kurse" in Sowjetrubeln im Umlauf. Ihre bevorstehende Einlösung in Gold soll rechtzeitig bekanntgegeben werden. Durch ein besonderes Dekret wurde außerdem die Prägung von Goldtscherwonezmünzen verordnet.

Erst wollte man in den Banknoten nur ein „kreditartiges Geldsurrogat" sehen, das nur in den Fällen, wo Zahlung in Gold verlangt wird (Zölle), von den öffentlichen Kassen entgegengenommen werden mußte. Aber nach der Verordnung des Finanzkommissars vom 22. Februar 1923 haben die Banknoten Kassenkurs bekommen: sie „müssen unweigerlich von den Kassen des Volkskommissariats für Finanzen für alle staatlichen und örtlichen Geldsteuern gleich den Sowjetgeldzeichen in Zahlung genommen werden nach dem Kurse, der von der Staatsbank den Filialen mitgeteilt wird, und von den Zoll-

Zusammenbruch der russischen Währung; Aussichten auf ihre Wiederherstellung. 61

ämtern nach dem Nominalpreis". Auf diese Weise wurde die Geldfunktion der Banknoten verstärkt; es kam eigentlich ein neues Geldzeichen zur Welt: der „Papier"tscherwonez, dessen Wert hinter dem Wert des alten 10-Rubel-Stücks mit einigen Schwankungen um 20 bis 30 % zurückblieb. Natürlich besitzt diese Reform vom Standpunkt einer normalen Banknotenausgabe eine Reihe bedeutender Mängel. Erstens darf man, wenn man eine Goldwährung schaffen will, nur Gold und nicht Edelmetalle im allgemeinen als Bardeckung benutzen; zweitens können Waren keinesfalls als Bankdeckung figurieren. Endlich kann die Heranziehung der Banknoten zur Stärkung der Staatsfinanzen nicht durch hohe Bardeckung gerechtfertigt werden, da solche Darlehen einer Notenbank in jedem Fall dem Wesen der Banknote zuwiderlaufen und den Weg zur Papierwährung ebnen. Aber wenn man die Uneinlösbarkeit der Tscherwoneznoten und auch die traurigen Währungsverhältnisse in verschiedenen europäischen Ländern in Betracht zieht, so kann man es für unnötig halten, an den „Papiertscherwonez" strenge technische Anforderungen zu stellen: er stellt doch einen Versuch dar, eine neue Art von Papiergeld zu schaffen, das noch nicht völlig in das Flußbett des fiskalischen Mißbrauchs geraten ist, und dessen Emissionsbedingungen es in gewisser Beziehung den richtigen Banknoten nähern. Aber der Hauptmangel der Tscherwoneznoten besteht darin, daß ihre Bankdeckung sich jeder Kritik entzieht. Die als Deckung dienenden Wechsel und Warenschuldscheine werden von den staatlichen Industrieunternehmungen ausgestellt, die infolge äußerster Teuerung der Produkte und infolge der gesunkenen Kaufkraft der Bevölkerung keinen genügenden Absatz für ihre Erzeugnisse finden können. So führt also nicht die Vergrößerung des Warenumsatzes, sondern dessen Fehlen zur Ausgabe der Banknoten. Nach den Mitteilungen des Finanzkommissariats sind die „Trusts" der nationalisierten Industrie bestrebt, mit Hilfe der Tscherwonezdarlehen der Staatsbank ihre Defizite zu decken. Unter diesen Umständen ist die Inflation der Tscherwoneznoten, auch ohne direkte Inanspruchnahme von Staatsbankdarlehen seitens des Schatzamtes, unumgänglich. Aus den untenstehenden Angaben ist zu ersehen, daß die Papiertscherwonzen eine immer größere Verbreitung gewinnen, indem sie allmählich über den Kreis der staatlichen Institute und der Spekulantengruppen — der „neuen Reichen" — hinausgehen; ein trauriges Vorzeichen für die neue Banknote bedeutet der Umstand, daß die Regierung geneigt zu sein scheint, auch die Ausgabe auf kleinere Beträge lautender Scheine (½ Tschermonez) zu gestatten: offenbar ist es ihnen vorausbestimmt, das allmählich aus dem Umlauf zu verdrängende „Sowjetpapiergeld" zu ersetzen und, wenn sich die Grundlagen des sozialökonomischen Lebens Rußlands nicht von der Wurzel aus ändern, dessen Schicksal zu teilen.

Die Bilanz der Staatsbank
(in Tschermonezen)

	am 16. Febr. 1923	am 16. Juli 1923	am 1. Dez. 1923
Aktiva.			
I. Die Metalldeckung:			
a) Die russischen Goldmünzen (früherer Prägungen) ..	866 000	850 500	
b) Gold in Barren und ausländischen Goldmünzen..	380 465	4 580 906,8	8 741 240,6
c) Silber in Münzen und Barren.........	—	74 319,2	89 757,6
II. Ausländische Banknoten..	454 846,5	378 963	4 677 274,6
III. Tratten in ausländischer Währung (Pfund Sterling und Dollar)........	245 158,7	393 872,2	477 351,6
IV. Diskontierte Wechsel in Tschermonzen.......	414 060	2 974 741,9	6 719 718,5
V. Durch Sachwerte garantierte Schuldverschreibungen ...	1 139 646	3 130 000	6 285 898,8
In Summe	3 500 176,2	12 383 303,1	26 961 241,7
Passiva.			
I. Der Vorstandskasse übergebene Banknoten.....	2 725 000	11 650 000	26 776 000
II. Der freie Rest des Notenausgaberechts	775 176,2	733 303,1	185 241,7
In Summe	3 500 176,2	12 383 303,1	26 961 241,7

Zum 16. August beträgt die Bilanzsumme 16 927 797,5 Tscherw., wobei dem Vorstand Banknoten im Betrage von 15 900 000 Tscherw. übergeben waren; am 1. September betrug die Bilanzsumme 18 637 751,9 Tscherw. (dem Vorstand übergeben 18 400 000 Tscherw.), bei einer Bardeckung von 9 862 444 Tscherw.

Laut amtlichen Angaben waren am 1. Mai 1923 tatsächlich 6 Millionen Tscherwonzen im Umlauf. Der Realwert der Gesamtmenge des Sowjetpapiergeldes betrug laut denselben amtlichen Mitteilungen 13,3 Millionen Tscherwonzen, so daß der Wert der umlaufenden Papiertscherwonzen schon beinahe die Hälfte des Wertes der Sowjetzeichen und fast ein Drittel der gesamten Geldmenge ausmachte. Am 1. August 1923 hat sich das Bild wesentlich geändert: der Wert der Sowjetzeichen betrug 81,4 Millionen „Gold"rubel und der der Banknoten 99,7 Millionen Rubel, so daß die Tscherwoneznoten dem Werte nach schon den größten Teil der Gesamtzirkulation darstellten. Am 1. Oktober 1923 betrug der Wert der Sowjetzeichen (umgerechnet in „Gold"rubel nach dem Index des „Gosplan") 41,3 Millionen Rubel und der Wert der Banknoten 151,1 Millionen Rubel, so daß die Papiertscherwonzen bereits vier Fünftel der Gesamtzirkulation ausmachten. Die Sowjetregierung hat ausdrücklich erklärt, daß die künftige Währung Rußlands die Tscherwonzwährung sein wird.

Der Tscherwonzkurs in Sowjetgeldzeichen steigt ununterbrochen: am 16. Juli betrug er 887 Rubel — Ausgabe 1923 —, das heißt 887 Millionen alte Rubel, am 16. August 1425 Millionen, am 8. September 2620 und am 1. Dezember 14200 Millionen Rubel. Nach den „Notierungen der Moskauer Börse" kostete am 8. September 1923: 1 Pfund Sterling 2495 Millionen Rubel, am 1. Dezember 13450 Millionen Rubel, was der theoretischen Parität mit dem Tscherwonz ungefähr entspricht; der Dollar der Vereinigten Staaten kostete am 8. September 540 und am 1. Dezember 3090 Millionen Rubel. Durch Schaffung einer künstlichen Nachfrage nach Tscherwoneznoten und durch Monopolisierung des Valutamarkts in Rußland gelang es der Sowjetregierung vorläufig, den Tscherwonzkurs gegenüber den fremden Valuten stabil zu halten.

VII.

Die Sowjetregierung war während der Periode des kommunistischen Experimentierens bestrebt, die Edelmetalle und Edelsteine zu ihrem eigenen Besten zu „nationalisieren": jeder Handel mit ihnen wurde als Staatsverbrechen betrachtet, und die Kostbarkeiten wurden schonungslos konfisziert. Wie abstoßend die Art und Weise dieser Requisitionen und Konfiskationen auch scheinen mochte, so entsprachen diese doch der Idee nach dem Geiste des Kommunismus. Die Dekrete vom 16. April und vom 25. Juli 1920 verordneten die Konfiskation der Münzen, Barren und rohen Metallstücke und die Requisition der Erzeugnisse aus Edelmetallen und Edelsteinen, soweit sie die Norm überschreiten: 18 Solotnik feinen Goldes, 3 Pfund Silber : 3 Karat Edelsteine : 5 Solotnik Diamanten. Die Erzeugnisse dürfen nur von $^{36}/_{96}$ Feinheit sein. Die Gewinnung der Edelmetalle wird vom Staate monopolisiert.

Nach einstimmiger Aussage aller Sowjetquellen waren diese Dekrete weder für den Fiskus noch für das Publikum von Bedeutung, da sie nicht beachtet wurden. Inzwischen kam der „Nep", und die während der Revolution reich gewordenen Bevölkerungsgruppen machten sich geltend und bestanden schließlich darauf, daß die Freiheit des Besitzes und des Verfügungsrechts über die Edelmetalle wiederhergestellt wird. Am 30. Oktober 1921 wurde die private Goldgewinnung gestattet, die nach der Nationalisierung vollkommen stillgelegt worden war; am 4. April 1922 erschien das Dekret über den Verkehr mit Wertgegenständen, das in der Währungspolitik der Sowjetregierung epochemachend war. Hier folgen die fünf Artikel dieses wichtigen Dekrets:

„1. Der dem Staat gegenüber bestehende Ablieferungszwang von folgenden Wertobjekten, die sich in Händen der Bevölkerung befinden: Gold, Silber, Platin und Metalle der Platingruppe in Waren, Barren und Münzen sowie Edelsteinen und ausländischen Valuten, wird aufgehoben.

2. Die freie Verfügung über die im Absatz 1 genannten Edelmetalle in Waren und Barren sowie über Edelsteine wird zugelassen.

3. Das Monopolrecht der Staatsbank für An= und Verkauf von Gold, Silber= und Platinmünzen und ausländischen Valuten bleibt bestehen.

4. Die von der Staatsbank erworbenen Edelmetalle und ausländischen Valuten werden einem besonderen, im allgemeinen staatlichen Goldfonds nicht enthaltenen Valutafonds der Staatsbank zugeführt.

5. Die Ausfuhr von Edelmetallen in Barren, Waren oder Münzen, von ausländischen Valuten und Edelsteinen im Gesamtwerte von weniger als 50 Rubeln Gold nach dem Kurse der Staatsbank ist jeder über die Grenze reisenden Person ohne besondere Genehmigung

gestattet, bei mehr als 50 Rubel pro Person nur auf Grund einer besonderen Genehmigung des Volkskommissariats für Finanzen."

Auf diese Weise wurde der Handel mit Edelmetallen, aber nicht mit Gold- und Silbermünzen und nicht mit fremden Valuten freigegeben. Freilich haben die Behörden und die Genossenschaften in diesem Punkte das Dekret umgangen, was daraus ersichtlich ist, daß am 27. Juli 1922 ein neues Dekret erschien, durch welches den genannten Instituten Geschäftsabschlüsse in fremder Valuta und in Edelmetallen ohne besondere Genehmigung ausdrücklich verboten wurden.

Auch in der Einführung der Goldrechnung muß man einen Wandel im Verhalten der Sowjetregierung dem Golde gegenüber erblicken. Schon die neue „Wechselordnung" (welche Ende März 1922 genehmigt wurde) gestattet die Ausstellung von Wechseln in Gold (mit dem Recht der Zurückzahlung in Papiergeld nach dem Kurse); allmählich wurden in den Banken Goldkonten eingeführt, was schließlich dazu führte, daß die Guthaben ohne Vermittlung der Sowjetzeichen direkt in Gold- oder in fremder Währung abgehoben werden durften.

Mittelbar haben diese Maßnahmen eigentlich schon die Möglichkeit der Geschäftsabschlüsse in Goldwährung geschaffen; aber bis jetzt können die Bolschewiki nicht das letzte Wort aussprechen, indem sie solche Geschäfte formal gestatten. Der Hauptgrund besteht in der Furcht, daß, falls man solche Geschäfte erlaubt, die Goldmünzen ganz frei zirkulieren (was tatsächlich schon, wie wir noch sehen werden, im geheimen der Fall ist) und die Sowjetgeldzeichen völlig aus dem Umlauf verdrängen würden. Über diese Frage schreibt der Finanzkommissar Ssokolnikow folgendes:

„Infolge der katastrophalen Entwertung unseres Rubels haben neben unserem Sowjetgeld bestimmte Waren angefangen, die Rolle eines Tauschmittels zu spielen; auch Gold und fremde Valuten haben den durch die Entwicklung des Tauschverkehrs gestiegenen Bedarf an Geld befriedigt. Darin liegen für uns die größten Gefahren... Diese Gefahren bestehen darin, daß, wenn unser Sowjetgeldzeichen seine Monopolstellung als Tauschmittel verliert und daneben auch Edelmetalle und fremde Valuten als Geld umlaufen, darin eine direkte Bedrohung unserer wirtschaftlichen und politischen Macht und unseres Einflusses liegt. Solange das Sowjetgeldzeichen seine Rolle als Tauschmittel auf dem Markt spielt, sind alle gezwungen, es als solches zu benutzen. In der Papiergeldausgabe besitzt der proletarische Staat das

allerwichtigste Monopol, welches nur von einigen gewandten Falsch=
münzern durchbrochen wird."[1]

Endlich war die Sowjetregierung gezwungen, durch ein Dekret vom
15. Februar 1923 dem Markte auf dem Gebiete des Geldverkehrs eine
weitere Konzession zu machen. Artikel 1 lautet: „Der Kauf und Ver=
kauf von Gold und Silber in Barren, von fremden Valuten wie auch
von Schecks und Wechseln, die in fremder Währung ausgestellt sind,
ist gestattet." Das heißt „außerhalb des Gesetzes" blieben wiederum
die Goldmünzen. Durch eine besondere Anmerkung wird sogar den
staatlichen und genossenschaftlichen Anstalten, die dieses Recht früher
besaßen (gemäß dem Dekret vom 27. Juli 1922, Artikel 2), die An=
nahme und der Gebrauch der russischen Goldmünzen als Zahlungs=
mittel verboten. Was den Handel mit Edelmetallen betrifft, so ist er
nun vollkommen frei. Die Geschäfte mit ausländischer Valuta (ins=
besondere deren Kauf) sind den Mitgliedern der Fondsbörsen ge=
stattet, deren Eröffnung als selbständige Börsen oder als Abteilungen
der Warenbörsen angeordnet wurde; die übrigen Institute und Unter=
nehmungen müssen eine besondere Genehmigung zum Kauf von Devisen
von einem besonderen „Valutaausschuß des Finanzkommissariats" be=
sitzen. Das Dekret sieht die Zentralisation der Devisen und Sorten
vor, indem es alle Institute, Unternehmungen und Privatpersonen,
welche am Export beteiligt sind, verpflichtet, ihre Valuten auf einem
Konto bei der Staatsbank (oder bei anderen Banken, welche nach ihrem
Statut dazu berechtigt sind) zu halten.

So hat sich der Kommunismus auf dem Gebiete des Geldwesens
wie auch auf anderen vor den Notwendigkeiten des Lebens gebeugt.

Was das Wirtschaftsleben selbst angeht, soweit solches in den
Fesseln der Sowjetherrschaft möglich ist, so klammert es sich schon
längst an den goldenen Maßstab an; der Verkehr wendet sich trotz der
Verbote der alten Goldmünze zu. Durch das Verbot, das Metallgeld
als Zahlungsmittel zu gebrauchen, wird dieses nur teurer. Man kann
mit genügender Sicherheit behaupten, daß im Innern der russischen
Volkswirtschaft ein unaufhaltsamer Übergang oder, besser gesagt,
die Wiederherstellung der alten Goldwährung vor sich geht. In dieser
Beziehung wiederholt die Geschichte der russischen Revolution bis zu
einem gewissen Grade die Vorgänge der großen französischen. Der in

---

[1] „Aufgaben der Finanzpolitik". Von Ssokolnikow. S. 11. Moskau 1922.

den Händen der Bevölkerung erhalten gebliebene Vorrat an alten Münzen kann nicht als unbedeutend angesehen werden, besonders wenn man das außerordentliche Zusammenschrumpfen des Verkehrs und das kolossale Sinken des Wertes der gesamten Papiergeldmenge berücksichtigt. Laut amtlichen Angaben verblieben vor der Revolution in den Händen der Bevölkerung für 436 Millionen Rubel Goldmünzen, 144,1 Millionen Rubel hochhaltige Silbermünzen und 172,6 Millionen Rubel silberne Scheidemünzen, im ganzen 752,7 Millionen Rubel. Wenn wir, da ja das alte metallische Geldsystem nicht mehr existiert, die Silbermünzen nicht nach ihrem Nominalwert, sondern nach dem Marktwert des Silbers berechnen, so kommen wir zu einer Summe von zirka 160 Millionen Rubel, und der Gesamtwert der Gold- und Silbermünzen ist dann gleich 596 Millionen Rubel. Wenn wir aber nur denjenigen Teil, der sich auf dem Gebiete des heutigen Sowjetrußland befindet, errechnen wollen, so müssen wir das Ergebnis um etwa ein Fünftel verkleinern. Es ist außerdem anzunehmen, daß etwa 100 Millionen ins Ausland abflossen; diese Verluste wurden aber zum Teil durch Raub aus den staatlichen Goldreserven an verschiedenen Stellen, besonders in Sibirien — nach dem Untergang des Admirals Koltschak — aufgewogen. Man muß annehmen, daß die Bevölkerung jetzt Münzen im Betrage von ungefähr 400 Millionen Rubel besitzt. Dieser versteckte Vorrat übersteigt also (im Sommer 1923) den Gesamtwert des Sowjetgeldes (ohne Tscherwonzen) um mehr als das Vierfache. Nach den letzten Sowjetangaben beträgt der Wert der umlaufenden Staatskassenzeichen (Sowjetzeichen) am 1. August 1923 (nach dem „Index des Gosplan") 81,4 Millionen Rubel und der der Tscherwonzen 99,7 Millionen Rubel, im ganzen 181,1 Millionen Rubel, also auch in diesem Falle ist der versteckte Metallvorrat seinem Werte nach mindestens doppelt so groß wie der Wert des gesamten gesetzlichen Geldes Sowjetrußlands.

Kann nun der außerordentlich stark zusammengeschrumpfte wirtschaftliche Verkehr Rußlands mit einer Geldmenge von 300 bis 400 Millionen Goldrubeln auskommen? Im Jahre 1913 waren insgesamt 2340 Millionen Rubel Geldzeichen im Umlauf; der gegenwärtige wirtschaftliche Verkehr Rußlands macht wohl nicht einmal den zwanzigsten Teil des früheren aus, so daß der gesamte Betrag an versteckten Metallgeldvorräten scheinbar ausreicht. Man muß allerdings berücksichtigen, daß die Zirkulationsgeschwindigkeit, die den

Geldbedarf verringert, stark abgenommen hat, und daß es keinen normalen Kreditverkehr gibt, der den Bedarf an Bargeld ganz außerordentlich reduzieren kann. Trotzdem darf man annehmen, daß, falls die russische Volkswirtschaft von den Fesseln des Kommunismus endgültig befreit würde, sie, wenn auch mit gewissen Schwierigkeiten, mit dem bei der Bevölkerung vorhandenen Vorrat an alten Münzen in der ersten Zeit auskommen könnte. Es geht daraus klar hervor, was für eine ernste Gefahr die Überreste der alten russischen Währung für das Sowjetpapiergeld bilden, und weshalb die Sowjetregierung diese Überreste auf keinen Fall als Zahlungsmittel anerkennen will.

VIII.

Fassen wir das Dargelegte kurz zusammen.

Der Krieg hat die russische Währung tief erschüttert, indem er die Entwertung des Rubels auf ein Viertel oder Fünftel seines Goldwertes herbeigeführt und die Tätigkeit der Kreditinstitute gestört und unmöglich gemacht hat. Die bolschewistische Revolution und der darauf folgende Bürgerkrieg haben dem alten Geld- und Kreditsystem den endgültigen Todesstoß gegeben. Die Sowjetregierung hat, nachdem sie ihre Gegner besiegt hatte, das territorial und auch innerhalb desselben Bezirks nach Geldarten zerfallene Geldsystem wieder vereinheitlicht, konnte aber der katastrophalen Geldentwertung nicht vorbeugen. Infolge dieser „Degeneration" der Sowjetwährung hat sich wiederum, besonders seit der Einführung der neuen Wirtschaftspolitik, mit großer Deutlichkeit der Prozeß des Zerfalls des vereinheitlichten Geldsystems gezeigt. Formal besitzt Sowjetrußland gegenwärtig mehrere „Wertmesser" (abgesehen von den „naturalen" Wertmessern in Gestalt der „Getreideanleihen"). Erstens den Sowjetpapierrubel — Ausgabe 1923 —, der sich am 1. August auf 12,4 Billiarden alter Sowjetrubel belief, deren Wert nach den Sowjetangaben und nach dem Index des Gosplan 81,4 Millionen Rubel betrug. Dann gibt es einen Goldrubel, dessen Kurs in Sowjetgeld von der Kotierungskommission bestimmt wird und weder dem Preise der Goldmünze auf dem freien Markt noch dem Marktwerte des Goldes in Barren entspricht. Diesem „Goldrubel" steht der „Warenrubel" der vom Gosplan festgesetzten Indexzahl meistens nahe. Auch der „Zoll- und Eisenbahnrubel" muß erwähnt werden. Daneben figuriert und gewinnt immer größere Bedeutung der Papiertscherwonez (= 10 Rubel). Über das gegenseitige Verhältnis der

Zusammenbruch der russischen Währung; Aussichten auf ihre Wiederherstellung. 69

Wertmesser und über die Bewertung der realen Goldmünze kann man aus folgenden Zahlen ein Bild gewinnen:

Am 1. Mai 1923 in Rubeln Ausgabe 1923 (= 1 000 000 alter Rubel):

Warenrubel (von Gosplan)	Tscherwonez-rubel	Goldrubel, amtlicher Kurs	Goldrubel auf dem freien Markt
44,6	45,8	44,0	73,0

In den Wertschwankungen gingen die drei ersten Wertmesser bis dahin parallel; aber im Juni gingen sie auseinander, da die Kaufkraft des Tscherwonez stark gesunken ist. In der Tat ging die Wertbewegung der Banknote und der Indexzahlen des Gosplan folgendermaßen vor sich:

	Kurs des Tscherwonezrubels	Warenrubel	Prozentuales Verhältnis der Goldindexzahl zum allgemeinen Index (des Moskauer Konjunkturinstituts)
am 1. Juni	58,0	62,9	98
„ 1. Juli	77,6	97,96	78
„ 1. August	112,0	152,24	73

Im September erreicht die Minderung der Kaufkraft des Tscherwonez sehr große Dimensionen — bis zu 40 % (26,2 gegen 42,6). Zurzeit ist es noch schwer zu sagen, ob die Ursache dieser Erscheinung in der Entwertung des Tscherwonez als solchem oder auf der Warenseite zu suchen ist. Aus den Sowjetangaben über den Preis des Goldes auf dem freien Markt kann man schließen, daß sich die Warenpreise erhöht haben, daß wir es also nicht mit der Entwertung des Tscherwonez zu tun haben. Diese Erklärung scheint wahrheitsgemäß zu sein, um so mehr, als die Preise der verschiedenen Waren ungleichmäßig steigen und als die allgemeine Erschöpfung das Los des revolutionären Rußland ist: infolge der gesunkenen Arbeitsproduktivität ist Rußland aus einem billigen ein teueres Land geworden. Andererseits ist es aber infolge des Monopolrechts der Staatsbank auf Einkauf von fremden Valuten und infolge der Beschränkungen des freien Marktverkehrs mit Gold — bei einer verhältnismäßig engen Umlaufsphäre der Tscherwonzen — unmöglich, ihre wirkliche objektive Bewertung festzustellen. Sie kann sich erst bei tieferem Eindringen der Banknote in den wirtschaftlichen Verkehr des Landes zeigen.

Letzten Endes haben wir es in Rußland ökonomisch mit dem Nebeneinanderbestehen von mindestens drei Geldsystemen zu tun: mit der degenerierten „schatzamtlichen" Währung, dem Papiertscherwonzen, und faktisch auch mit dem im geheimen in der Bevölkerung umlaufenden Rest der alten Goldwährung (natürlich in verunstalteter Form, wobei die Silbermünzen nicht nach ihrem Nominalpreis zirkulieren). Das Leben selbst legt den Grundstein zur Wiederherstellung der Goldwährung. Aber nach dem Verlauf des Revolutionsprozesses muß man annehmen, daß Rußland, bevor die Goldzirkulation sich endgültig wird behaupten können, noch tiefe Erschütterungen erfahren wird.

In der Tat bereitet die Sowjetregierung (im Herbst 1923), nachdem sie ihre „schatzamtliche" Währung ausgenützt hat, soweit es irgend ging, in den Tscherwonzen deren Nachfolger. Die symptomatische Diskussion in der Presse über die Notwendigkeit der Einführung eines „einheitlichen Wertmessers" sowie darüber, daß der Tscherwonez zu diesem Zweck am besten geeignet sei, zeigt, daß die „Reform" der russischen Währung in diesem Sinne im voraus bestimmt ist. Wenn man hoffen könnte, daß die „bürgerliche Ökonomik" in Rußland endgültig anerkannt wird, und daß auch entsprechende politische Änderungen eintreten werden, so könnte vielleicht die wiederauflebende Volkswirtschaft durch die Tscherwonzen zur Wiederherstellung der Goldwährung gelangen. Aber in der Hand der Sowjetregierung werden die Tscherwoneznoten unvermeidlich zu einer Stütze des Budgets, was sie nach kurzer Zeit in denselben Zustand versetzen wird, in dem sich heute die Sowjetzeichen befinden. Das wird um so trauriger sein, als die Wiederholung desselben Versuchs mit den Banknoten seitens einer neuen Regierung auf Vorurteile und Mißtrauen der Bevölkerung stoßen kann. Jedenfalls muß von allen Maßnahmen der Sowjetregierung auf dem Gebiete des Geldwesens die Einführung der Tscherwoneznoten als der zweckmäßigste und die meiste Aufmerksamkeit verdienende bezeichnet werden.

Nachtrag.

Die vorliegende Arbeit war bereits gesetzt, als aus Rußland die Nachricht von einer Reihe währungspolitischer Maßnahmen eintrafen, die in ihrer Gesamtheit die sogenannte „Währungsreform" darstellen. Es sollen hier die wichtigsten Gesetze und Verordnungen kurz aufgezählt und die Aussichten der genannten Reform beleuchtet werden.

Laut Erklärungen der wichtigsten Staatsmänner Sowjetrußlands konnte weiter mit der „Verbesserung" der Währung nicht gezögert werden: die Bauern wollten nicht mehr gegen Sowjetgeldzeichen Getreide verkaufen, und die Verluste des Fiskus bei den Steuereingängen überstiegen die „Emissionsgewinne". Die relative Bedeutung der Sowjetzeichen in der Gesamtmenge des Papiergeldes wurde, trotzdem sie immer noch die Hauptwährung bildeten, recht gering. Laut Angaben des „Ekonomitscheskaja Shisnj" (Nr. 111, 1924) war zum 1. Februar 1924 die Zusammensetzung der umlaufenden Geldmenge wie folgt:

1. Sowjetzeichen für . . . . .   39 Mill. Tscherwonezrubel
2. Tscherwoneznoten . . . . . .   273 Millionen Rubel
3. Zahlungsverpflichtungen der Zentralkasse des Finanzkommissariats . . . .   72 Millionen Rubel
4. Eisenbahnzertifikate . . . .   12 Millionen Rubel
   Im ganzen   396 Millionen Rubel.

Allerdings erreichten die Tscherwonzen schwer die Bauernschaft und dienten zum großen Teil nicht als Zahlungs-, sondern als Sparmittel. Im Verkehr war man gezwungen, die Sowjetzeichen zu benutzen, die aber ihre Dienste schon versagten.

Die Sowjetregierung hat beschlossen, vom 15. Februar ab „die weitere Ausgabe der Geldzeichen" zu unterlassen; die bis dahin ausgegebenen Geldzeichen bleiben gesetzliche Zahlungsmittel, bis sie nicht nach dem noch festzustellenden Kurse eingelöst werden. **Durch das Dekret vom 5. Februar wird ein neues Geld — „der staatliche Schatzschein" — geschaffen.** Er wird vom Finanzkommissariat in 1-, 3- und 5-Rubelscheinen ausgegeben, lautet auf Gold, ist uneinlöslich und hat Zwangskurs nach dem Nominalwert. Die Menge der ausgegebenen Schatzscheine darf nicht die Hälfte des Gesamtbetrages der ausgegebenen Tscherwonez‌noten, abzüglich der Schulden der Staatskasse an die Staatsbank, übersteigen. Das Dekret vom 22. Februar bestimmt die Prägung und Ausgabe von Silber- und Kupfermünzen nach dem neuen Muster. Der Wert der Münzen wird an den der staatlichen Schatzscheine gebunden: ein Rubel in Münzen gleicht einem Rubel in Scheinen. Abgesehen von kleinen Ausnahmen (es fehlen die Silbermünzen von 5 Kopeken, die Kupfermünzen von ½ und ¼ Kopeken) wiederholt das Dekret genau den entsprechenden Teil des russischen Münzstatutes vom Jahre 1899. Laut Absatz 4 muß die Aus‌gabe der Silber- und Kupfermünzen a conto der Ausgabe der staat‌lichen Schatzscheine angerechnet werden. Punkt 5 verpflichtet das Finanz‌kommissariat, bis zum 1. Januar 1925 Münzen im Betrage von min‌destens 100 Millionen Rubel auszuprägen; bis dahin wird neben der Ausgabe von Münzen auch die der Bons von 1 Kopeken bis 50 Kopeken (die bis zum 1. Januar 1925 nach ihrem Nominalwert eingelöst werden sollen) gestattet. Charakteristisch ist auch Punkt 7, der das bedingungs‌lose Verbot, alte Münzen in Verkehr zu bringen, bestätigt. Durch den Beschluß des Rates für Arbeit und Verteidigung vom 29. Februar wird die Berechnung der Zahlungen auf Grund von Verpflichtungen und die Festlegung der Tarife und Taxen in (nach dem Index berech‌neten — Anm. d. Übers.) Warenrubeln verboten; die Arbeitslöhne werden dementsprechend auf „Gold" übergeführt (am 1. März wurden die Paritäten des Warenrubels zum Tscherwonezrubel nach drei Zonen festgelegt). Ab 29. Februar war auch die Ausgabe jeglicher Geldsurrogate verboten; auch soll nach dem Sinne des Beschlusses die Einlösung der Eisenbahnzertifikate beschleunigt werden; ferner sollen Zahlungsver‌pflichtungen der Zentralkasse des Finanzkommissariats ihren Charakter im Sinne der Annäherung an die gewöhnlichen kurzfristigen, zins‌tragenden Verpflichtungen des Schatzamtes ändern (was durch das Dekret vom 15. März geschehen ist). Endlich wird im Dekret vom 7. März die Einlösungsordnung der Sowjet‌zeichen bekannt gegeben. Ab 16. März gilt der feste Einlösungskurs: 1 Rubel „Gold" für 50000 Rubel Ausgabe 1923, also für 50 Milliarden alter Sowjetrubel. Die im Verkehr verbleibenden Zeichen sind bis zum 10. April und bei den

Zahlungen an die Staatsbehörden bis zum 30. April giltig. Ab 25. März hören die Staatskassen auf, die Sowjetzeichen in Verkehr zu bringen.

Zur Durchführung des durch die Dekrete vorgezeichneten Plans hat die Sowjetregierung eine Reihe außerordentlicher Maßnahmen ergriffen. Infolge der Uneinlösbarkeit der Hauptgeldarten (der Tscherwoneznoten und der Schatzscheine) mußte man sich vor allem bemühen, **der ständigen Warenverteuerung Einhalt zu bieten**, die Preise abzubauen und zu stabilisieren. Zu diesem Zweck werden Steuern auf Brot, Mehl und andere Lebensmittel eingeführt; die Getreidezufuhr in die Städte wird verstärkt; die Preise vieler Industrieerzeugnisse werden um 15—20% (in manchen Fällen auch mehr) herabgesetzt. Die Banken werden veranlaßt, den Kredit (insbesondere gegen Verpfändung von Waren) einzuschränken. Gleichzeitig wird auf die Bewertung der fremden Valuten zwecks Herabsetzung der Kurse ein starker Druck ausgeübt. Der Betrag der auszugebenden Schatzscheine wird vorläufig auf 50 Millionen Rubel festgesetzt — zur Deckung des Budgetdefizits, für die Bedürfnisse des Verkehrs bei der Einwechselung der Tscherwoneznoten, zur Einlösung der Sowjetzeichen (ca. 15 Millionen Rubel); außerdem werden für ca. 6 Millionen Rubel Silbermünzen ausgegeben. Die Emission der Tscherwoneznoten sucht man einzuschränken (für März ist die Höchstgrenze auf 6 Millionen Rubel festgesetzt).

Das sind die Hauptelemente der Währungsreform. Über das Schicksal der Reform, deren Durchführung eben begonnen hat, kann heute noch kein Urteil ausgesprochen werden. Es kann nur ihre vorläufige Schätzung **vom statischen und vom dynamischen Gesichtspunkte** vorgenommen werden.

Zunächst haben wir es hier offenbar, **solange die Scheine nicht gegen Gold eingelöst werden**, nicht mit einer endgiltigen, sondern mit einer vorläufigen Reform zu tun (ähnlich der Rentenmark in Deutschland). Ferner sind die Glieder des neuen Geldsystems schlecht zusammengeschweißt, sind nicht völlig miteinander koordiniert: es fehlt der organische Zusammenhang zwischen den Tscherwonzbanknoten und den Schatzscheinen, und die Staatskassen sind **durch kein Dekret verpflichtet**, die Schatzscheine gegen Tscherwonzen umzuwechseln; tatsächlich tun sie es heute; aber, falls die beiden Geldzeichen im Verkehr dem Werte nach auseinandergehen, kann die Regierung die Umwechselung einstellen, und dann kommen wiede zwei Währungen zum Vorschein — einerseits die Banknoten, andererseits die Schatzscheine. Wie man aus Beschlüssen und Kommentaren ersehen kann, scheint die Regierung den Silbermünzen eine größere Bedeutung als die eines Hilfsgeldes beizumessen; dadurch wird eine Andeutung auf Bimetallismus geschaffen. Die Ausgabe von papiernen Scheidebons verträgt sich schlecht mit der Ausgabe baren Silbers. Die Schatzscheine sind durch nichts gedeckt und wiederholen, abgesehen von ihrer bedingten Kontingentierung, alle Eigenschaften der zu ersetzenden Sowjetzeichen.

Vom dynamischen Gesichtspunkte ruft die Währungsreform noch ernstere Bedenken hervor. Wie aus unserem Text zu ersehen ist, sind die verlustbringenden nationalisierten Industrie- und Verkehrsbetriebe das Grundgebrechen der Sowjetfinanzen. Diese Verluste durch gewöhnliche Staatseinnahmen und Anleihen zu decken, ist unmöglich; deshalb bleibt die Gefahr des Mißbrauchs der Papiergeldausgabe bestehen und wird sogar heute besonders groß: die Herabsetzung der Preise für Industrieerzeugnisse und die „Teuerungszulagen" an Arbeiter infolge des Überganges zur „festen Währung" haben das Defizit der staatlichen Unternehmungen erhöht. Die ganze Volkswirtschaft des Landes liegt nach wie vor in den Fesseln der Überbleibsel des Kommunismus danieder, beraubt der schöpferischen Momente des Privateigentums und der persönlichen Initiative. Die Aktivität der Handelsbilanz, auf die die Sowjetregierung so stolz ist, hat eine sehr bedingte Bedeutung: die forcierte Ausfuhr und die künstlich eingeschränkte Einfuhr wirken hemmend auf die Produktionskräfte des Landes und sind gleichbedeutend dem Ausverkauf seiner Schätze.

Schlechtes Vorzeichen für den Ausgang der Reform ist die grandiose „Kleingeldkrise" (es ist eher ein allgemeiner Geldhunger nach dem Zusammenbruch des Sowjetzeichens, verstärkt durch den Mangel an Kleingeld), die ganz Rußland ergriffen hat; diese Krise hat schon die Regierung gezwungen, ihre schroffen Maßnahmen zu mildern. So wurde durch das Dekret vom 22. März die Gültigkeit der Sowjetzeichen bis zum 10. Mai (für die Staatskassen bis zum 31. Mai) verlängert; die Staatskassen dürfen sie bis zum 25. April in Verkehr bringen. Auch ist die zusätzliche Ausgabe von Schatzscheinen im Betrage von 25 Millionen Rubel beschlossen worden. Es liegen bereits traurige Nachrichten über neu einsetzende Warenpreissteigerungen vor.

(Abgeschlossen Anfang April 1924.)

Printed by Libri Plureos GmbH
in Hamburg, Germany